콩나물쌤의 문해력 꽉 잡는

한자어수업

2
사회

그린애플

콩나물쌤의 문해력 꽉 잡는
한자어 수업 2(사회)

초판 1쇄 발행 2022년 11월 11일
초판 7쇄 발행 2024년 1월 24일

지은이 전병규
감수 김아미
펴낸이 이범상
펴낸곳 (주)비전비엔피 · 그린애플

기획 편집 차재호 김승희 김혜경 한윤지 박성아 신은정
디자인 김혜림 최원영 이민선
마케팅 이성호 이병준 문세희
전자책 김성화 김희정 안상희 김낙기
관리 이다정

주소 우) 04034 서울특별시 마포구 잔다리로7길 12 (서교동)
전화 02) 338-2411 | **팩스** 02) 338-2413
홈페이지 www.visionbp.co.kr
인스타그램 https://www.instagram.com/greenapple_vision
포스트 post.naver.com/visioncorea
이메일 gapple@visionbp.co.kr

등록번호 제2021-000029호

ISBN 979-11-92527-10-9 64700
      979-11-92527-12-3 (세트)

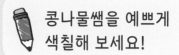
콩나물쌤을 예쁘게
색칠해 보세요!

저는 여러분의
문해력과 사고력이 콩나물처럼
쑥쑥 자라도록 도와주는 콩나물쌤이에요!

추천사

우리말에는 한자어가 많고, 교과서 속 어려운 개념어도 대부분 한자어입니다. 그렇기 때문에 문해력을 높이기 위해서는 한자를 아는 것이 매우 중요합니다. 한자 지식이 있으면 낱말의 뜻을 정확히 이해할 수 있고 학업에도 큰 도움이 됩니다. 그런데 한자 공부는 아이들에게 어렵고 외워야 하는 게 많아 부담스럽습니다. 이 책은 암기의 부담 없이 한자어를 익히면서 추론력, 어휘력, 탐구력까지 덤으로 키우는 구체적인 방법을 담고 있습니다. 문장 표현을 통해 자연스럽게 한자의 뜻을 짐작하고, 실제로 사용하면서 쉽고 재미있게 한자를 익히도록 구성되어 있습니다. 이 책을 통해 꾸준히 한자어를 익히면 모르는 단어를 만나더라도 그 의미를 유추하는 힘을 키울 수 있을 것입니다. 한자 교육의 필요성을 알지만 어떻게 이끌어 줘야 할지 막막한 부모라면 아이에게 이 책을 주세요. 문해력 전문가 전병규 선생님이 알려 주는 노하우를 따라가다 보면 확실히 문해력을 키울 수 있을 것입니다.

오뚝이샘 윤지영(초등학교 교사, 《엄마의 말 연습》 저자)

저는 어린 시절 다져 놓은 어휘력의 덕을 많이 본 학생이었습니다. 어릴 때 아버지께서 신문 읽기와 한자 공부를 강조하셨던 덕분인데요. 한자를 모두 외워 쓰지는 못했지만, 단어를 보고 이게 어떤 한자어로 조합된 단어인지, 단어의 정확한 의미가 무엇인지 쉽게 파악하고 추론할 수 있었습니다. 이는 국어, 사회 등을 비롯해 모든 과목의 학습에 커다란 무기가 되었습니다. 아직도 한자 공부는 한자 자체를 외워 쓰는 것이라 생각하는 사람이 많은데 이제는 인터넷과 사전이 발달되어 있기에 굳이 아이들이 한자를 모두 외워서 쓸 필요가 없습니다. 그보다는 한자어를 보고 그 의미를 파악하는 역량이 중요합니다. 그 역량은 아이들이 책을 읽을 때도, 학습할 때도 아주 큰 힘이 되어 줄 것입니다. 그런 점에서 이 책은 아이들이 한자어 학습을 쉽게, 동시에 '본질적인' 목적에 맞게 해나갈 수 있도록 도와주고 있습니다. 더불어 그 누구보다 아이들의 문해력과 어휘력 향상에 진심인 콩나물쌤과 함께 우리 학생들이 학습의 본질에 한 걸음 더 다가설 수 있길 바랍니다.

조승우(스몰빅클래스 대표)

영어를 가르치는 사람이지만 대학 때 국어교육도 같이 전공했습니다. 당시 한국 사람이기 때문에 국어가 더 쉬울 거라는 생각이 있었는데, 그것이 얼마나 편협한 생각인지 깨닫는 데는 한 달도 걸리지 않았습니다. 우리말 속의 한자어를 잘 몰랐기에, 열심히 글을 읽고도 내용이 이해가 되지 않아 많은 시간을 고생했기 때문입니다. 만약 내가 초등학교, 중학교 때 한자어로 된 어휘를 틈틈이 익혀 왔다면 그 힘든 시간을 좀 더 효율적으로 보내지 않았을까 하고 생각한 적도 있었습니다. 한국에서 살아가는 우리에게 한자어는 비단 공부와 관련된 것만은 아닙니다. 생활 속 어휘의 60% 이상은 한자어로 이루어져 있기에 결국 한자 문해력을 키우는 것은 생활의 질을 향상시키는 것이 됩니다. 똑같은 1시간을 공부하고 일해도 남들보다 3~4배 효율을 얻을 수 있다면 어떨까요? 이 책을 통해 매일매일 한자어의 의미를 추론해 보고, 글쓰기나 말할 때 한자어를 활용해 보면서, 자신의 삶을 더욱 풍성하게 만들어 보길 바랍니다.

혼공쌤 허준석(유튜브 혼공TV 운영자)

문해력을 키우는 힘

현대는 정보화 사회입니다. 세상에 존재하는 모든 것이 정보가 되며 세상 모든 곳에 정보가 있지요. 우리는 아침에 눈을 뜨는 순간부터 밤에 잠이 들 때까지 숱한 정보를 접하게 됩니다. 활용할 수 있는 정보가 이토록 넘치지만 모두가 정보를 잘 활용하는 것은 아닙니다. 정보를 읽고 이해해 나에게 필요하고 유용한가를 가려내려면 문해력이 있어야 합니다. 문해력이 부족하면 정보화 사회에 살면서도 정보를 제대로 사용할 수 없습니다. 결국 현대 사회에서 성공적으로 살아가기 힘들어요. 문해력은 21세기를 살아가는 우리 아이들이 반드시 갖추어야 할 능력입니다.

문해력은 성인이 되었을 때나 필요한 능력이 아닙니다. 문해력은 글을 읽고 이해하는 능력인 만큼 학생들에게 중요하고, 문해력에 따라 성적도 달라질 수 있습니다. 문해력은 이해력입니다. 문해력이 높은 아이들은 무엇이든지 잘 배우는 반면 낮은 아이들은 새로운 것을 잘 배우지 못합니다. 똑같은 내용을 똑같은 시간에 똑같은 선생님에게 똑같은 방법으로 배워도 아이마다 배움의 차이가 나는 이유이지요. 문해력은 공부의 도구 같은 겁니다. 날이 무뎌진 도끼로 나무를 벨 수 없듯 무딘 문해력으로는 공부를 잘 해낼 수 없습니다. 그러니 아이의 공부가 신경 쓰인다면 문해력부터 높여야 합니다.

문해력에 가장 큰 영향을 미치는 것은 어휘력입니다. 글은 어휘와 어휘가 연결되어 이루어지기 때문이에요. 모르는 어휘의 개수가 늘어나면 늘어날수록 글을 이해하기가 어렵습니다. 반대로 어휘를 많이 안다면 매우 유리하지요. 다행히 어휘의 중요성은 알지만 안타깝게도 올바른 어휘 학습법은 잘 모르는 경우가 많습니다. 대부분의 어른들이 잘못된 어휘 학습법을 아이에게 가르치고 있어요. 심지어 교육 전문가라고 이름난 분들 중에서도 잘못된 어휘 학습법을 소개하는 경우가 있어요. 그만큼 어휘를 학습하는 올바른 방법에 대한 이해가 부족한 것이 현실입니다.

흔히 쓰는 잘못된 어휘 학습법은 바로 어휘를 사전에 나온 정의대로 외우는 겁니다. 예를 들어 '협약'이라는 단어를 '협상에 의하여 조약을 맺음'이라고 사전에 나온 정의 그대로 외우는 식입니다. 이처럼 정의를 암기하면 어휘에 대한 이해가 전혀 생기지 않습니다. 어휘를 암기해서는 문해력이 늘지 않는 거예요. 어휘의 의미를 제대로 이해한 후 사용해야 진짜 어휘력과 문해력이 늘어납니다. 어휘의 의미를 제대로 이해하려면 먼저 한자를 알아야 해요. 우리말 어휘 중 무려 60%가 한자어이기 때문입니다. 이는 한자를 알면 전체 단어의 3분의 2가량을 쉽게 이해할 수 있다는 뜻입니다. 문해력에서 중요한 어휘의 3분의 2를 한자를 통해 학습할 수 있으니 한자어 학습은 문해력을 높이는 핵심이라고 해도 과언이 아니에요.

이 책은 문해력 전문가인 제가 저희 집 아이들을 가르치기 위해 정리한 내용으로 만들었습니다. 기존의 한자어 교재를 사용하려니 아쉬운 점이 있었기 때문입니다. 시중에 나와 있는 한자 교재는 크게 두 유형으로 나뉩니다. 한자에 초점이 맞춰진 경우와 어휘에 초점이 맞춰진 경우예요. 첫 번째 유형의 경우, 한자 자격증 취득에는 도움이 되겠지만 문해력 발달을 기대하기에는 무리가 있었습니다. 두 번째 유형의 경우 어휘 학습에 초점을 맞추고는 있지만 어휘의 실제적 학습과 사용을 위해 꼭 필요한 요소들이 빠져 있었습니다. 어휘력 발달에 나름 효과가 있겠지만 최고의 효과를 내기에는 아쉬워 보였어요.

그래서 이 책을 쓰게 되었습니다. 이 책은 기존 한자어 교재의 두 가지 문제점을 보완했습니다. 우선 한자 자체보다 어휘력에 초점을 맞추었습니다. 한자를 익히는 것이 아닌 문해력을 키우는 것이 목적이니까요. 또 어휘를 깊고 제대로 이해할 수 있도록 최신 어휘 교육 이론을 따랐습니다. 여기에 초등학교에서 20년간 아이들을 가르치며 이론을 실제로 적용해 본 경험을 고스란히 녹였습니다. 이 책이 어떤 점에서 특별한지, 실제로 어떻게 사용해야 하는지는 바로 다음 내용에 자세히 담았습니다. 교육적 효과를 극대화하기 위해서는 어휘 학습의 원리와 이 책의 활용법을 이해하는 것이 정말 중요합니다. 그러니 다음 내용도 꼭 정독해 주세요.

이 책의 시리즈를 꾸준히 학습하면 다음과 같은 효과를 볼 수 있어요.

✔ 다양한 어휘를 알게 됩니다.
✔ 단어의 뜻을 깊이 이해하게 됩니다.
✔ 모르는 단어의 뜻을 스스로 유추하게 됩니다.
✔ 실제 문장에서 단어를 사용할 수 있게 됩니다.

이 책의 시리즈를 공부하고 나면 어휘를 학습하는 힘이 길러집니다. 이는 단순히 어휘를 몇 개 배우는 것보다 훨씬 중요한 일입니다. 앞으로 수업, 책, TV, 유튜브에서 새로운 단어를 만날 때마다 쉽게 익힐 수 있게 되니까요. 어휘를 습득할 수 있는 힘을 갖추고 나면 수업도 독서도 훨씬 쉬워지고 재미있어질 겁니다. 들으면 이해가 되니까 성적도 자연스럽게 오를 거고요. 《콩나물쌤의 문해력 꽉 잡는 한자어 수업》 시리즈를 통해 여러분 자녀의 문해력을 쑥쑥 키워 주시기 바랍니다.

★〈콩나물쌤의 문해력 꽉 잡는 한자어 수업〉은 책마다 주제가 달라요.
2권의 주제는 '사회'입니다. 2권에서는 사회와 관련된 한자가 나옵니다. 가, 정, 인, 간, 부, 모, 형, 제, 남, 녀, 효, 도 등이 있지요. 그리고 이 한자에서 파생되어 나온 한자어를 배우게 됩니다. 2권을 공부하고 나면 사회와 관련된 많은 한자와 한자어를 익힐 수 있을 겁니다.

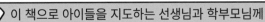 이 책으로 아이들을 지도하는 선생님과 학부모님께

어휘력을 키우는
어휘 학습 원리와 이 책의 활용법

콩나물쌤의 강의를 먼저 듣고 공부를 시작하면 이해가 쏙쏙!

QR 코드를 스캔하면 강의 영상을 볼 수 있어요.

어휘력을 높이기 위해서는 먼저 어떻게 어휘를 학습하느냐가 중요합니다. 잘못된 방법으로 학습하면 힘만 들 뿐 실력은 크게 늘지 않습니다. 지금부터 효과를 극대화할 수 있는 올바른 한자어 학습 방법을 알려드릴게요. 그리고 이것이 이 책의 구성과 어떻게 연결되어 있는지도 소개하겠습니다. 이 부분을 잘 읽고 학습할 때 적용해 보세요.

📝 어휘 학습 원리 1단계: 어휘를 짐작해 보세요!

새로운 어휘를 처음 만나면 우선 그 뜻을 짐작해 보는 것이 중요해요. 성인은 평균 약 2~3만 개의 어휘를 아는데 이 중 학습을 통해서 알게 되는 어휘는 20% 내외라고 합니다. 대부분의 어휘가 생활 속에서 우연히 알게 돼요. 대화를 하다가 방송을 보다가 책을 읽다가 알게 되지요. 그런데 이럴 때마다 사전을 찾을 수는 없겠지요. 귀찮기도 하고 대화의 흐름이 끊기기 때문이에요. 그래서 모르는 단어를 만나면 먼저 추측을 해야 해요. 무슨 뜻인지 짐작해 보는 겁니다. 그렇게 해야 흐름을 깨지 않고 계속해서 새로운 단어를 배울 수 있습니다. 이 원리에 따라서 다음처럼 첫 번째 페이지를 학습하세요.

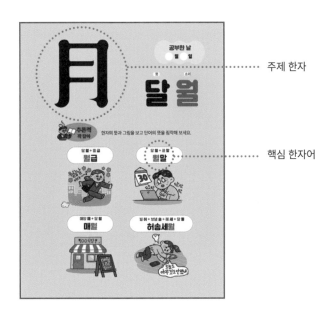

첫 페이지에는 우선 주제 한자가 제시됩니다. 오늘은 달 월(月)을 배울 차례군요. 달 월을 세 번 정도 소리 내어 읽어 보세요. 한자는 써 보아도 좋지만 쓰지 않아도 무방합니다. 한자를 배우려는 게 아니니까요. 그 아래 달 월을 사용한 한자어 4개가 나옵니다. 이곳을 학습할 때 가 정말 중요합니다. 많은 아이들이 대충 읽고 빨리 넘어가려 할 텐데 그래서는 곤란합니다. 여기서는 한자어를 이루는 한자의 뜻에 주목해야 합니다. '월말'을 볼까요? 월말은 '달 월 + 끝 말'로 이루어져 있어요. 이것을 보고 월말이 무슨 뜻일지 짐작해 봅니다. '한 달의 끝' 정도로 짐작할 수 있겠지요.

짐작이 맞고 틀리는 건 크게 중요하지 않아요. 짐작하면서 뜻을 생각해 보는 경험이 중요해요. 이 책 한 권에는 30개의 주제 한자와 120개의 핵심 한자어가 나와요. 이 120개의 핵심 한자어의 뜻을 짐작하다 보면 아이는 많은 것을 얻게 됩니다. 우선 한자어를 더 잘 이해하게 되지요 '월말'의 정의를 그냥 읽었을 때보다 뜻을 짐작해 본 후 읽으면 더 깊게 이해하게 됩니다. 뜻을 짐작하다 보면 달 월뿐 아니라 끝 말도 익히게 되지요. 마지막으로 단어의 뜻을 유추하는 힘이 커져요. 사실 이것이 가장 중요합니다. 이 책에서 120개, 이 책의 시리즈를 통해 수백 개의 한자어 뜻을 꾸준히 짐작해 보세요. 한자어가 구성되는 원리와 뜻을 짐작하는 방법을 익히게 됩니다. 그러면 앞으로 만나게 될 수천, 수만 개의 새로운 어휘를 학습하는 데 큰 힘이 될 거예요.

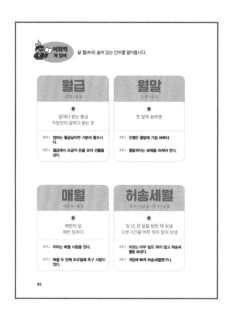

어휘 학습 원리 2단계: **예문을 통해 어휘를 이해해 보세요!**

어휘에는 숨겨진 면이 많아서 정의만 봐서는 제대로 이해할 수 없습니다. 홀로 있는 단어의 정의만 따로 외워서는 배워도 배운 게 아닙니다. 문장과 떨어져 혼자 있는 단어는 생명력이 없어요. 단어는 반드시 문장 속에서 익혀야 해요. 다시 말해 어휘가 사용된 표현을 자세히 살펴봐야 한다는 뜻입니다. 문장 속에 자연스럽게 녹아든 어휘를 보면서 실제로 어떤 뜻으로 쓰였는지 생각해 보세요.

두 번째 페이지에서는 앞에서 짐작해 본 4개의 단어에 대해 조금 더 자세히 살펴봅니다. 우선 뜻이 나와 있습니다. 스스로 짐작한 뜻과 책에서 제시한 뜻을 비교해 보세요. 달 월, 끝 말이라는 두 한자가 만나 월말이라는 한자어가 되었을 때 어떤 뜻이 되는지 생각해 봅니다. 단지 뜻을 확인하는 게 중요한 것이 아니라 어떻게 이런 뜻이 되는지 이해하려고 생각해 보는 게 중요합니다. 바로 아래에는 단어가 사용된 표현이 2개씩 나옵니다. 이 예문을 소리 내어 읽어 보세요. 단어가 실제로 어떻게 사용되는지 느껴 봅니다.

🖍 어휘 학습 원리 3단계: 어휘를 사용해 보세요!

어휘를 짐작하고 문장 속에서 이해했다면 다음으로 직접 사용해 보아야 합니다. 단어가 사용된 문장을 보는 것을 넘어 내가 직접 말하거나 쓰면서 사용하는 겁니다. 직접 단어를 사용해보면 단어가 더 잘 기억납니다. 똑같은 말이라도 다른 사람이 한 말보다 내가 한 말을 더 잘기억하기 때문입니다. 또 단어 사용이 좀 더 정확해집니다. 외국인이나 아이들은 단어를 좀이상하게 사용하는 경우가 많아요. 단어는 알지만 실제로 어떻게 사용해야 하는지 잘 모르기때문입니다. 이런 문제를 개선하려면 단어를 많이 사용하면서 틀리고 수정하는 과정을 거쳐야 합니다. 일단 사용하고 틀린 후 고쳐 나가야 하니 틀리는 것에 민감하면 안 됩니다.

세 번째 페이지에서는 글쓰기를 합니다. 앞에서 배운 4개의 단어를 이용해 나만의 글쓰기를해 보세요. 아이들의 수준을 고려해 문장의 일부를 제시하고 이어 쓰도록 하였습니다. 우선은 빈칸을 채워 봅니다. 혹시 가능하다면 완전히 새로운 문장을 써 보세요. 제시한 글쓰기 아래에 한 줄 정도 공간이 있으니 여기에 써 보면 됩니다. 다시 강조하지만 틀리는 건 좋은 일입니다. 실수하고 틀리면서 배우니까요. 아이가 틀렸을 때 틀렸다고 혼내지 말고 '잘못된 방식을 하나 발견했구나' 하고 생각하세요. 부드러운 분위기에서 웃으면서 올바른 방식을 알려 주세요.

어휘 학습 원리 4단계: 어휘에 관심을 가져 보세요!

어휘력이 풍부한 사람은 예외 없이 단어에 관심이 많아요. 생소한 단어를 만나면 찾아보고 그 활용에 대해 생각해 보지요. 풍부한 어휘력을 갖추려면 평소 어휘에 관심을 갖는 것이 중요합니다. 말놀이처럼 재미있는 방식으로 아이가 어휘에 관심을 가지도록 해 보세요. 또 유사한 어휘를 구분해 보는 것도 좋아요.

네 번째 페이지의 시작은 '창의력 꽉 잡아'입니다. 여기서는 핵심 한자어를 2개 이상 사용하여 한 문장으로 글을 씁니다. 달 월에서 배운 주제 단어는 월급, 월말, 매월, 허송세월입니다. 이 중 2개를 한 문장 안에서 사용하는 거예요. '창의력 꽉 잡아'는 말놀이와 글쓰기를 결합한 활동이에요. 어휘를 재미있게 사용하면서 어휘력과 어휘에 대한 관심을 동시에 높여 줍니다. 두 단어를 한 문장 안에서 연결해 사용하라는 제한이 아이의 창의력을 높여 주지요.

'탐구력 꽉 잡아'에서는 배우지 않은 새로운 단어를 탐색해 봅니다. 이번 주제 한자는 月(달 월)이잖아요? 그래서 달 월이 들어간 단어 2개, 달 월이 아닌 다른 뜻의 '월'이 들어간 단어 2개, 그리고 빈칸 4개를 제시했어요. 우선 제시된 4개의 단어에서 달 월이 사용된 단어와 그렇지 않은 단어를 구분해 보세요. 이를 통해 '월'이라고 해서 모두 '달 월'의 뜻으로 쓰인 게 아니라 또 다른 뜻의 월이 있다는 걸 알게 됩니다. 이후에는 월이 들어간 4개의 새로운 단어를 찾아보세요. 사전을 찾아볼 수도 있고 가족과 함께 찾아보아도 좋아요. 책을 읽거나 길을 걷다가 간판에서 찾게 될 수도 있지요. 모두 제시하지 않고 빈칸으로 남겨둔 것은 단어에 관심을 갖도록 하기 위해서입니다. 일상생활에서 이렇게 단어를 찾다 보면 '단어 의식word consciousness'이 높아져요. 단어 의식이 높아지면 어휘를 학습하지 않는 일상의 모든 순간에도 어휘력이 계속해서 성장할 수 있습니다.

차례

1주 차

社

뜻   소리

모일 사

추론력 꽉 잡아

한자의 뜻과 그림을 보고 단어의 뜻을 짐작해 보세요.

모일 사 + 모일 회
사회

모일 사 + 우두머리 장
사장

이제 사회생활 시작이구나.

호호

사장

들 입 + 모일 사
입사

그루 주 + 법 식 + 모일 회 + 모일 사
주식회사

사원증

000

0000회사

○○주식회사

• 모일 사(社)는 '회사'라는 뜻으로도 사용됩니다.

 모일 사(社)가 숨어 있는 단어를 알아봅시다.

사회
모일 사 + 모일 회

뜻

사람들이 모여 이루는 집단

표현1 사회에서는 자기 책임을 다 해야 해.

표현2 삼촌은 학교를 졸업하고 사회로 나갔다.

사장
모일 사 + 우두머리 장

뜻

회사에서 가장 높은 사람

표현1 사장은 회사의 책임자다.

표현2 어쩐 일인지 사장님은 아직 출근하지 않으셨습니다.

 사장과 입사에서 모일 사(社)는 '회사'라는 뜻으로 바뀌었습니다.

입사
들 입 + 모일 사

뜻

회사에 들어가다.

표현1 원하던 회사에 입사하게 되었다.

표현2 이모는 입사 시험을 준비 중이다.

주식회사
그루 주 + 법식 식 + 모일 회 + 모일 사

뜻

주식을 발행해 자본을
마련하는 회사

표현1 주식회사는 일반 회사보다 보통 규모가 크다.

표현2 우리가 알고 있는 회사 대부분이 주식회사다.

모일 사(社)를 넣어 한 문장 글쓰기를 해 보세요.

사회 사람들이 모여 이루는 집단

오늘 사회 시간에

사장 회사에서 가장 높은 사람

우리 아빠는

입사 회사에 들어가다.

삼촌은 입사했다.

주식회사 주식을 발행해 자본을 마련하는 회사

삼촌은 주식회사에서

 창의력 꽉 잡아

모일 사(社)가 들어간 단어를 2개 이상 사용하여 문장을 써 보세요.

예시

우리 형은 주식회사에 입사했다.

 탐구력 꽉 잡아

1. 단어에 '사'가 들어간 경우를 책 혹은 주변에서 찾아 빈칸에 써 보세요.
2. 모일 사(社)가 사용된 단어에는 ○, 아니면 X를 표시해 보세요.

사교
(여러 사람이 모여
서로 사귐)

사고
(뜻밖에 일어난
불행한 일)

사건
(주목받을 만한
뜻밖의 일)

사옥
(회사의 건물)

'일'과 관련된 단어를 골라내 보세요.

會

뜻 | 소리
모일 회

추론력 꽉 잡아

한자의 뜻과 그림을 보고 단어의 뜻을 짐작해 보세요.

모일 회 + 모일 사
회사

모일 회 + 인원 원
회원

나라 국 + 모일 회
국회

모일 회 + 사람 자 + 정할 정 + 떠날 리
회자정리

 모일 회(會)가 숨어 있는 단어를 알아봅시다.

회사
모일 회 + 모일 사

뜻

돈을 벌기 위해 모인 단체

표현1　아빠는 회사에 출근하셨어요.

표현2　엄마 회사에서는 약을 만듭니다.

회원
모일 회 + 인원 원

뜻

모임의 구성원

표현1　동아리에서 회원을 모집했다.

표현2　아빠는 운동 모임에 회원으로 등록
　　　했다.

국회
나라 국 + 모일 회

뜻

나랏일을 하는 국민 대표의 모임

표현1　국회에서는 법률을 만든다.

표현2　국회에서 일하는 사람을 국회의원이
　　　라고 한다.

회자정리
모일 회 + 사람 자 + 정할 정 + 떠날 리

뜻

모인 사람은 떠나게 되어 있다.
만난 자는 반드시 헤어지게 된다.

표현1　회자정리라고 만남이 있으면 반드시
　　　헤어짐이 있는 것이야.

표현2　회자정리. 이제는 각자의 길을 갈 시
　　　간입니다.

 **글쓰기 꽉 잡아** 모일 회(會)를 넣어 한 문장 글쓰기를 해 보세요.

회사 돈을 벌기 위해 모인 단체

회사 앞에는

회원 모임의 구성원

회원이 되려면

국회 나랏일을 하는 국민 대표의 모임

국회의원 선거가

회자정리 만난 자는 반드시 헤어지게 된다.

'회자정리'라는 말이 있듯이

창의력
꽉 잡아

모일 회(會)가 들어간 단어를 2개 이상 사용하여 문장을 써 보세요.

예시

모든 회원님께서는 회비를 내주시기 바랍니다.

탐구력
꽉 잡아

1. 단어에 '회'가 들어간 경우를 책 혹은 주변에서 찾아 빈칸에 써 보세요.
2. 모일 회(會)가 사용된 단어에는 ○, 아니면 X를 표시해 보세요.

회식
(여러 사람이 모여
함께 음식을 먹음)

회복
(원래 상태로 돌아옴)

회비
(모임의 구성원에게
걷는 돈)

만회
(바로잡아 회복함)

'돌아오는 것'과 관련된 단어를 골라내 보세요.

家

뜻   소리
집 가

추론력 꽉 잡아

한자의 뜻과 그림을 보고 단어의 뜻을 짐작해 보세요.

집 가 + 갖출 구
가구

집 가 + 일 사
가사

농사 농 + 집 가
농가

집 가 + 화할 화 + 일만 만 + 일 사 + 이룰 성
가화만사성

 **어휘력 꽉 잡아** 집 가(家)가 숨어 있는 단어를 알아봅시다.

가구
집 가 + 갖출 구

 뜻

집에 갖추어 둔 기구
침대, 식탁처럼 집안에서 쓰는 기구

표현1 이사를 하면서 새 가구를 여러 개 장만하였다.

표현2 가구는 편안해야 오래 쓸 수 있다.

가사
집 가 + 일 사

 뜻

설거지, 빨래, 청소 같은 집안일

표현1 엄마는 요즘 가사에 전념하신다.

표현2 가사는 생각보다 쉽지 않았다.

농가
농사 농 + 집 가

 뜻

농사 일을 하는 가정

표현1 시골에는 농가가 많다.

표현2 그는 가난한 농가에서 태어났다.

가화만사성
집 가 + 화할 화 + 일만 만 + 일 사 + 이룰 성

 뜻

집안이 화목하면
모든 일이 잘 이루어진다.

표현1 가화만사성이라고 가정이 평안해야 한다.

표현2 가화만사성이라고 하지만 힘든 가정에서 성공한 사람도 많아.

 집 가(家)는 지붕(宀) 밑에 돼지(豕)를 기르는 모양입니다.

글쓰기 꽉 잡아 집 가(家)를 넣어 한 문장 글쓰기를 해 보세요.

가구 집에 갖추어 둔 기구

집 안에는 ....

가사 설거지, 빨래, 청소 같은 집안일

가사를 대충하면 ....

농가 농사 일을 하는 가정

시골 농가에는 ....

가화만사성 집안이 화목하면 모든 일이 잘 이루어진다.

가화만사성. 가족끼리 ....

 '만사'는 일만 가지 일을 말하는데, '모든 일'을 뜻합니다.

집 가(家)가 들어간 단어를 2개 이상 사용하여 문장을 써 보세요.

예시

가구를 관리하는 것도 중요한 가사다.

1. 단어에 '가'가 들어간 경우를 책 혹은 주변에서 찾아 빈칸에 써
   보세요.
2. 집 가(家)가 사용된 단어에는 ○, 아니면 X를 표시해 보세요.

가보
(한 집안에서 대대로
내려오는 보배로운 물건)

가수
(노래 부르는 것이
직업인 사람)

교가
(학교를 상징하는 노래)

가장
(한 가정을 이끌어
나가는 사람)

'노래'와 관련된 단어를 골라내 보세요.

뜻   소리

뜰 **정**

추론력 꽉 잡아

한자의 뜻과 그림을 보고 단어의 뜻을 짐작해 보세요.

집 가 + 뜰 정
가정

학교 교 + 뜰 정
교정

법 법 + 뜰 정
법정

집 가 + 뜰 정 + 쓸 용 + 물건 품
가정용품

가정용품SALE

오!

 **어휘력 꽉 잡아** 뜰 정(庭)이 숨어 있는 단어를 알아봅시다.

가정
집 가 + 뜰 정

 뜻

같은 뜰 안에 사는 가족
함께 사는 가족 공동체

표현1 결혼해서 가정을 이루었다.

표현2 엄한 가정에는 지켜야 할 규칙이 많은 편이다.

교정
학교 교 + 뜰 정

 뜻

학교의 뜰
학교의 마당이나 운동장

표현1 교정에는 아이들이 뛰어놀고 있다.

표현2 선생님은 교정을 가만히 내려다보고 계셨다.

법정
법 법 + 뜰 정

 뜻

법을 다루는 뜰
재판을 하는 장소

표현1 판사는 법정에서 일을 한다.

표현2 법정에서 소란을 피워서는 안 된다.

가정용품
집 가 + 뜰 정 + 쓸 용 + 물건 품

 뜻

가정에서 쓰는 물건

표현1 가정용품에는 시계, 비누, 가위 등이 있다.

표현2 인터넷으로 가정용품을 구입했다.

 뜰은 원래 식물을 기르는 마당으로
'정(庭)'은 장소를 뜻할 때 자주 사용됩니다.

 뜰 정(庭)을 넣어 한 문장 글쓰기를 해 보세요.

가정 함께 사는 가족 공동체

가정이 화목해야 ....

교정 학교의 마당이나 운동장

방학 중이라 ....

법정 재판을 하는 장소

재판을 구경하기 위해 ....

가정용품 가정에서 쓰는 물건

마트에는 ....

창의력
꽉 잡아

뜰 정(庭)이 들어간 단어를 2개 이상 사용하여 문장을 써 보세요.

예시

엄마는 법정에서 아빠는 교정에서 일하신다.

탐구력
꽉 잡아

1. 단어에 '정'이 들어간 경우를 책 혹은 주변에서 찾아 빈칸에 써 보세요.
2. 뜰 정(庭)이 사용된 단어에는 ○, 아니면 X를 표시해 보세요.

정원
(집안에 있는 뜰)

친정
(시집 간 여자의 본래 집)

정답
(바른 답)

정직
(성품이 바르고 곧음)

'바른 것'과 관련된 단어를 골라내 보세요.

人

뜻   소리
사람 인

추론력 꽉 잡아

한자의 뜻과 그림을 보고 단어의 뜻을 짐작해 보세요.

사람 인 + 모양 형
인형

사람 인 + 길 도
인도

인도로 다녀야지.

늙을 노 + 사람 인
노인

사람 인 + 뫼 산 + 사람 인 + 바다 해
인산인해

OO 콘서트

LOVE

 사람 인(人)이 숨어 있는 단어를 알아봅시다.

인형
사림 인 + 모양 형

뜻
사람의 형상
사람이나 동물 모양의 장난감

표현1   아이는 인형을 너무나 좋아했다.

표현2   내 동생은 인형처럼 예쁘다.

인도
사람 인 + 길 도

뜻
사람이 다니는 길

표현1   차는 차도로, 사람은 인도로 다녀야
한다.

표현2   택시가 인도로 뛰어들어 사람이 다
쳤습니다.

 사람 인(人)은 사람이 서 있는 모습을
본떠 만들어졌어요.

노인
늙을 노 + 사람 인

뜻
나이가 많아 늙은 사람

표현1   누구나 나이가 들면 노인이 된다.

표현2   요즘은 노인들도 일하는 사람이 많다.

인산인해
사람 인 + 뫼 산 + 사람 인 + 바다 해

뜻
사람이 산처럼 바다처럼 많다.
사람이 매우 많다.

표현1   콘서트는 인산인해를 이루었다.

표현2   지진 피해자들로 임시 숙소는 인산
인해를 이루었다.

 **글쓰기 꽉 잡아** 사람 인(人)을 넣어 한 문장 글쓰기를 해 보세요.

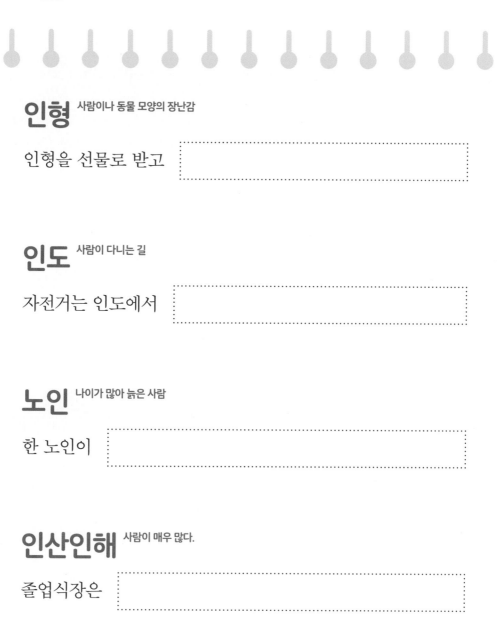

인형 사람이나 동물 모양의 장난감

인형을 선물로 받고

인도 사람이 다니는 길

자전거는 인도에서

노인 나이가 많아 늙은 사람

한 노인이

인산인해 사람이 매우 많다.

졸업식장은

 사람이 지켜야 할 도리를 뜻하는 '인도(人道)'도 있습니다.

창의력 꽉 잡아

사람 인(人)이 들어간 단어를 2개 이상 사용하여 문장을 써 보세요.

예시

노인은 인도 위를 천천히 걷고 있었다.

탐구력 꽉 잡아

1. 단어에 '인'이 들어간 경우를 책 혹은 주변에서 찾아 빈칸에 써 보세요.

2. 사람 인(人)이 사용된 단어에는 ○, 아니면 X를 표시해 보세요.

개인
(국가나 단체 등을 구성하는 낱낱의 사람)

원인
(어떤 일이 일어난 이유)

인물
(생김새나 됨됨이로 본 사람)

패인
(싸움에서 진 원인)

'이유'와 관련된 단어를 골라내 보세요.

1주 차 복습

콩나물쌤의 강의를 먼저 듣고 공부를 시작하면 이해가 쏙쏙!

QR 코드를 스캔하면 강의 영상을 볼 수 있어요.

1. 왼쪽 어휘를 보고 그 뜻으로 알맞은 것을 골라 선으로 연결하세요.

사회 ●	● 농사 일을 하는 가정
회원 ●	● 사람들이 모여 이루는 집단
농가 ●	● 가정에서 쓰는 물건
가정용품 ●	● 모임의 구성원
인형 ●	● 사람이나 동물 모양의 장난감

2. 다음 뜻을 가진 어휘를 쓰세요.

회사에서 가장 높은 사람	나랏일을 하는 국민 대표의 모임	집안이 화목하면 모든 일이 잘 이루어진다.	함께 사는 가족 공동체	사람이 다니는 길
⬇	⬇	⬇	⬇	⬇

3. 보기에서 알맞은 한자어를 골라 각 뜻을 나타내는 어휘를 만들어 보세요.

보기 **집 가, 사람 인, 뜰 정, 모일 회, 모일 사**

1) 주식을 발행해 자본을 마련하는 회사 ➡ **그루 주** + **법 식** + **모일 회** + ⬜

2) 만난 자는 반드시 헤어지게 된다. ➡ ⬜ + **사람 자** + **정할 정** + **떠날 리**

3) 침대, 식탁처럼 집안에서 쓰는 기구 ➡ ⬜ + **갖출 구**

4) 학교의 마당이나 운동장 ➡ **학교 교** + ⬜

5) 나이가 많아 늙은 사람 ➡ **늙을 노** + ⬜

4. 다음 어휘를 이용해 한 문장 글쓰기를 해 보세요.

입사

➡ _____

회사

➡ _____

가사

➡ _____

법정

➡ _____

인산인해

➡ _____

2주차

間

뜻   소리
사이 간

추론력 꽉 잡아

한자의 뜻과 그림을 보고 단어의 뜻을 짐작해 보세요.

사람 인 + 사이 간
인간

밤 야 + 사이 간
야간

때 시 + 사이 간
시간

풀 초 + 집 가 + 석 삼 + 사이 간
초가삼간

 사이 간(間)이 숨어 있는 단어를 알아봅시다.

인간
사람 인 + 사이 간

뜻

사람과 사람 사이에서 태어난 사람

표현1 인간은 지구에 사는 동물 중 가장 똑똑하다.

표현2 인간이 되어서 그렇게 나쁜 짓을 할 수는 없어.

야간
밤 야 + 사이 간

뜻

밤의 시작과 밤의 끝 사이
해가 진 밤 시간

표현1 야간에는 특히 안전에 주의해야 합니다.

표현2 야간에도 많은 사람이 거리에 나와 있었다.

 사이 간은 문(門)틈으로 해(日)가 비치는 모습입니다.

시간
때 시 + 사이 간

뜻

어떤 때와 어떤 때의 사이

표현1 다녀오는 데 몇 시간 걸리니?

표현2 바쁘시겠지만 잠시 시간을 내줄 수 있으세요?

초가삼간
풀 초 + 집 가 + 석 삼 + 사이 간

뜻

풀과 볏집으로 만든 세 칸짜리 집
작고 허름한 집

표현1 빈대 잡으려다 초가삼간을 태웠다.

표현2 그는 깊은 산속 초가삼간에 혼자 살고 있다.

 사이 간(間)을 넣어 한 문장 글쓰기를 해 보세요.

인간 사람과 사람 사이에서 태어난 사람

인간으로서

야간 해가 진 밤 시간

야간에는 대부분의 사람들이

시간 어떤 때와 어떤 때의 사이

시간은

초가삼간 풀과 볏집으로 만든 세 칸짜리 집

요즘은

 야간의 반대말은 주간입니다.

사이 간(間)이 들어간 단어를 2개 이상 사용하여 문장을 써 보세요.

예시

인간은 야간에는 잠을 자도록 태어났다.

1. 단어에 '간'이 들어간 경우를 책 혹은 주변에서 찾아 빈칸에 써 보세요.
2. 사이 간(間)이 사용된 단어에는 ○, 아니면 X를 표시해 보세요.

중간
(두 사물의 사이)

간섭
(관계없는
남의 일에 참견함)

난간
(사람이 떨어지는 것을
막기 위해 설치한 구조물)

순간
(아주 짧은 동안)

'못하도록 막는 것'과 관련된 단어를 골라내 보세요.

男

뜻   소리

사내 남

추론력 꽉 잡아

한자의 뜻과 그림을 보고 단어의 뜻을 짐작해 보세요.

사내 남 + 성품 성
남성

처음 장 + 사내 남
장남

오빠

형

아름다울 미 + 사내 남
미남

사내 남 + 여자 녀 + 늙을 로 + 젊을 소
남녀노소

 사내 남(男)이 숨어 있는 단어를 알아봅시다.

남성
사내 남 + 성품 성

뜻
성별이 남자인 사람

표현1 어른 남자를 남성이라고 부른다.

표현2 남성과 여성이 힘을 합쳐야 한다.

장남
처음 장 + 사내 남

뜻
첫째 아들
맏아들

표현1 나는 우리 집 장남이다.

표현2 장남으로서 동생들을 돌보았다.

 사내 남(男)은 밭(田)에서 힘(力)을 쓰는 모습을 담고 있어요.

미남
아름다울 미 + 사내 남

뜻
아름다운 남자
잘생긴 남자

표현1 우리 아버지는 상당한 미남이다.

표현2 미남이라는 소리는 처음 들어본다.

남녀노소
사내 남 + 여자 녀 + 늙을 로 + 젊을 소

뜻
남자와 여자,
늙은이와 젊은이 모든 사람

표현1 짜장면은 남녀노소 누구나 좋아하는 음식이다.

표현2 월드컵이 시작되자 남녀노소가 TV 앞으로 모여들었다.

사내 남(男)을 넣어 한 문장 글쓰기를 해 보세요.

남성 성별이 남자인 사람

한 남성이

장남 첫째 아들

장남의 장점은

미남 잘생긴 남자

TV에는 많은

남녀노소 남자와 여자, 늙은이와 젊은이 모든 사람

설날에는

 설날은 한 해의 첫날, 1월 1일이에요.

사내 남(男)이 들어간 단어를 2개 이상 사용하여 문장을 써 보세요.

예시

그 집 장남은 상당한 미남이다.

탐구력
꽉 잡아

1. 단어에 '남'이 들어간 경우를 책 혹은 주변에서 찾아 빈칸에 써 보세요.
2. 사내 남(男)이 사용된 단어에는 ○, 아니면 X를 표시해 보세요.

남탕
(남자만 사용하는 목욕탕)

남편
(결혼하여 여자의 짝이 된 남자)

남극
(지구의 남쪽 끝)

남향
(남쪽을 향함)

'남쪽'과 관련된 단어를 골라내 보세요.

女

뜻 　　 소리

여자 녀

추론력
꽉 잡아

한자의 뜻과 그림을 보고 단어의 뜻을 짐작해 보세요.

여자 녀 + 임금 왕
여왕

여자 녀 + 높을 고
여고

효도 효 + 여자 녀
효녀

사내 남 + 여자 녀 + 있을 유 + 다를 별
남녀유별

● 여자 녀(女)는 단어의 맨 앞에 올 때 '여'로 발음돼요.

여자 녀(女)가 숨어 있는 단어를 알아봅시다.

여왕
여자 녀 + 임금 왕

뜻
여자 임금

표현1 선덕 여왕은 신라 시대 사람이다.

표현2 영국 여왕은 96세의 나이에 돌아가 셨다.

여고
여자 녀 + 높을 고

뜻
여자 고등학교

표현1 언니는 여고에 다닌다.

표현2 엄마는 모처럼 여고 동창생을 만나 러 나갔다.

효녀
효도 효 + 여자 녀

뜻
부모님께 효도하는 딸

표현1 그녀는 아버지를 지극히 생각하는 효녀이다.

표현2 효녀 심청은 눈먼 아비를 위해 몸을 바쳤다.

남녀유별
사내 남 + 여자 녀 + 있을 유 + 다를 별

뜻
남자와 여자 사이에는 다름이 있다.

표현1 예전에는 남녀유별이라고 남자와 여 자가 함께 있을 수 없었다.

표현2 요즘 시대에는 남녀유별이라는 말을 거의 쓰지 않는다.

효녀에서 여자 녀(女)는 '딸'이라는 뜻으로 바뀌었습니다.

여자 녀(女)를 넣어 한 문장 글쓰기를 해 보세요.

여왕 여자 임금

여왕은 ....

여고 여자 고등학교

여고에는 ....

효녀 부모님께 효도하는 딸

엄마는 ....

남녀유별 남자와 여자 사이에는 다름이 있다.

남녀유별은 ....

창의력 꽉 잡아

여자 녀(女)가 들어간 단어를 2개 이상 사용하여 문장을 써 보세요.

예시

남녀유별하다고 하나 여왕도 있을 수 있지요.

탐구력 꽉 잡아

1. 단어에 '녀'가 들어간 경우를 책 혹은 주변에서 찾아 빈칸에 써 보세요.
2. 여자 녀(女)가 사용된 단어에는 ○, 아니면 X를 표시해 보세요.

미녀
(얼굴이 아름다운 여자)

여차
(이와 같음)

여전
(전과 같음)

숙녀
(교양과 품격을 갖춘 여자)

'같다'라는 뜻을 가진 단어를 골라내 보세요.

祖 할아버지 ^뜻 조 ^{소리}

한자의 뜻과 그림을 보고 단어의 뜻을 짐작해 보세요.

할아버지 조 + 나라 국
조국

할아버지 조 + 윗 상
조상

오랜만이야~

할아버지 조 + 아버지 부 + 어머니 모
조부모

열 개 + 나라 국 + 비로소 시 + 할아버지 조
개국시조

할아버지 할머니!!

조선

조국
할아버지 조 + 나라 국

뜻

할아버지 나라
조상 때부터 살던 자기 나라

표현1 그들은 조국을 위해 봉사하였다.

표현2 조국의 독립을 위해 몸을 바치다.

조상
할아버지 조 + 윗 상

뜻

할아버지보다 더 위 세대 어른들

표현1 조상의 산소를 찾아 성묘를 간다.

표현2 조상 대대로 이 동네에서 살아왔다.

 산소는 묘지를 높여 부르는 말입니다.

조부모
할아버지 조 + 아버지 부 + 어머니 모

뜻

할아버지와 할머니

표현1 방학 때마다 나는 조부모님 댁에 놀러 간다.

표현2 그는 어릴 때부터 조부모 밑에서 자랐다.

개국시조
열 개 + 나라 국 + 비로소 시 + 할아버지 조

뜻

나라를 처음 세운 사람

표현1 조선의 개국시조는 이성계이다.

표현2 왕건은 고려의 개국시조이다.

글쓰기 꽉 잡아

할아버지 조(祖)를 넣어 한 문장 글쓰기를 해 보세요.

조국 조상 때부터 살던 자기 나라

조국의 통일은

조상 할아버지보다 더 위 세대 어른들

제사는

조부모 할아버지와 할머니

오늘은

개국시조 나라를 처음 세운 사람

단군은 고조선을

창의력 꽉 잡아

할아버지 조(祖)가 들어간 단어를 2개 이상 사용하여 문장을 써 보세요.

예시

조상 대대로 물려받은 우리 조국을 지켜야 한다.

탐구력 꽉 잡아

1. 단어에 '조'가 들어간 경우를 책 혹은 주변에서 찾아 빈칸에 써 보세요.
2. 할아버지 조(祖)가 사용된 단어에는 ○, 아니면 X를 표시해 보세요.

조손
(할아버지와 손자)

조회
(학교, 직장 등에서
일과를 시작하기 전
나누는 아침 인사)

선조
(할아버지 이상의 조상)

조찬
(손님을 초대하여
하는 아침 식사)

'아침'과 관련된 단어를 골라내 보세요.

父 아버지 부

뜻   소리

추론력 꽉 잡아

한자의 뜻과 그림을 보고 단어의 뜻을 짐작해 보세요.

아버지 부 + 어머니 모
부모

아버지 부 + 아들 자
부자

아버지 부 + 여자 녀
부녀

아버지 부 + 전할 전 + 아들 자 + 전할 전
부전자전

어휘력 꽉 잡아 아버지 부(父)가 숨어 있는 단어를 알아봅시다.

부모
아버지 부 + 어머니 모

뜻

아버지와 어머니

표현1   부모님께 효도하자.

표현2   부모님과 함께 소풍을 갔다.

부자
아버지 부 + 아들 자

뜻

아버지와 아들

표현1   두 부자가 산책을 다녀왔다.

표현2   우리 부자는 휴일마다 목욕탕을 함께 간다.

부녀
아버지 부 + 여자 녀

뜻

아버지와 딸

표현1   우리 부녀는 함께 등산을 했다.

표현2   부녀가 속 깊은 대화를 나누었다.

부전자전
아버지 부 + 전할 전 + 아들 자 + 전할 전

뜻

아버지와 아들의
생김새나 습관이 닮았다.

표현1   부전자전이라더니 아들도 역시 힘이 세구나.

표현2   부전자전이라고 했으니 아들도 똑똑하겠구나.

어머니의 경우 아버지 부(父) 대신
어머니 모(母)를 넣어 '모전자전'이라고 해요.

글쓰기 꽉 잡아 아버지 부(父)를 넣어 한 문장 글쓰기를 해 보세요.

부모 아버지와 어머니

어제는

부자 아버지와 아들

운동회에

부녀 아버지와 딸

부녀가

부전자전 아버지와 아들의 생김새나 습관이 닮았다.

부전자전이라더니

창의력 꽉 잡아

아버지 부(父)가 들어간 단어를 2개 이상 사용하여 문장을 써 보세요.

예시

부전자전인 이유는 부모로부터 많은 것을 물려받기 때문이다.

탐구력 꽉 잡아

1. 단어에 '부'가 들어간 경우를 책 혹은 주변에서 찾아 빈칸에 써 보세요.
2. 아버지 부(父)가 사용된 단어에는 ○, 아니면 X를 표시해 보세요.

친부
(친아버지)

유부녀
(남편이 있는 여자)

양부
(자기를 데려다 길러준 아버지)

부부
(남편과 아내)

'남편'과 관련된 단어를 골라내 보세요.

2주 차 복습

콩나물쌤의 강의를 먼저 듣고 공부를 시작하면 이해가 쏙쏙!

QR 코드를 스캔하면 강의 영상을 볼 수 있어요.

1. 왼쪽 어휘를 보고 그 뜻으로 알맞은 것을 골라 선으로 연결하세요.

인간 ●   ● 부모님께 효도하는 딸

장남 ●   ● 아버지와 어머니

효녀 ●   ● 첫째 아들, 맏아들

개국시조 ●   ● 나라를 처음 세운 사람

부모 ●   ● 사람과 사람 사이에서 태어난 사람

2. 다음 뜻을 가진 어휘를 쓰세요.

| 해가 진 밤 시간 | 잘생긴 남자 | 남자와 여자 사이에는 다름이 있다. | 조상 때부터 살던 자기 나라 | 아버지와 아들 |

3. 보기에서 알맞은 한자어를 골라 각 뜻을 나타내는 어휘를 만들어 보세요.

보기 **여자 녀, 사이 간, 사내 남, 할아버지 조, 아버지 부**

1) 어떤 때와 어떤 때의 사이 ➡ 때 **시** +

2) 남자와 여자, 늙은이와 젊은이 모든 사람 ➡

     + 여자 **녀** + 늙을 **로** + 젊을 **소**

3) 여자 임금 ➡   + 임금 **왕**

4) 할아버지보다 더 위 세대 어른들 ➡   + 윗 **상**

5) 아버지와 딸 ➡   + 여자 **녀**

4. 다음 어휘를 이용해 한 문장 글쓰기를 해 보세요.

초가삼간

➡ _____

남성

➡ _____

여고

➡ _____

조부모

➡ _____

부전자전

➡ _____

3주 차

母

뜻 소리
어머니 모

 추론력 꽉 잡아

한자의 뜻과 그림을 보고 단어의 뜻을 짐작해 보세요.

늙을 노 + 어머니 모
노모

어머니 모 + 젖 유
모유

어머니 모 + 나라 국 + 말씀 어
모국어

어질 현 + 어머니 모 + 어질 량 + 아내 처
현모양처

 어머니 모(母)가 숨어 있는 단어를 알아봅시다.

노모
늙을 노 + 어머니 모

뜻
늙은 어머니

표현1 노모는 아침 일찍 밥상을 차렸다.

표현2 노모가 기침이 심하십니다.

모유
어머니 모 + 젖 유

뜻
어머니의 젖

표현1 아기는 모유를 먹고 쑥쑥 자란다.

표현2 모유를 먹고 잠든 아기.

모국어
어머니 모 + 나라 국 + 말씀 어

뜻
자기 나라의 말

표현1 우리 모국어는 한국어이다.

표현2 모국어를 잘해야 영어도 잘할 수 있다.

현모양처
어질 현 + 어머니 모 + 어질 량 + 아내 처

뜻
어진 어머니이면서 착한 아내

표현1 엄마는 소문난 현모양처였다.

표현2 나는 현모양처보다 운동선수가 되고 싶어.

 현모양처는 순종적인 여성을 바라는 옛 생각이 담긴 표현이기도 합니다.

어머니 모(母)를 넣어 한 문장 글쓰기를 해 보세요.

노모 늙은 어머니

노모는 오늘도

모유 어머니의 젖

아기는

모국어 자기 나라의 말

그녀의

현모양처 어진 어머니이면서 착한 아내

할머니는 내게

 모국어의 반대말은 외국어입니다.

69

창의력 꽉 잡아

어머니 모(母)가 들어간 단어를 2개 이상 사용하여 문장을 써 보세요.

예시

노모는 내가 어릴 때 모유 대신 분유를 먹였다.

탐구력 꽉 잡아

1. 단어에 '모'가 들어간 경우를 책 혹은 주변에서 찾아 빈칸에 써 보세요.
2. 어머니 모(母)가 사용된 단어에는 ○, 아니면 X를 표시해 보세요.

모친
(어머니를 높여
부르는 말)

모자
(어머니와 아들)

모발
(사람의 머리털)

탈모
(머리카락이
빠지는 증상)

'털'과 관련된 단어를 골라내 보세요.

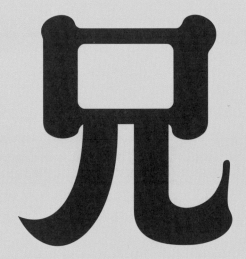

兄

뜻 소리

형 형

추론력 꽉 잡아

한자의 뜻과 그림을 보고 단어의 뜻을 짐작해 보세요.

형 형 + 아우 제
형제

형 형 + 남편 부
형부

친할 친 + 형 형
친형

부를 호 + 형 형 + 부를 호 + 아우 제
호형호제

형 형(兄)이 숨어 있는 단어를 알아봅시다.

형제
형 형 + 아우 제

뜻
형과 동생

표현1 형제는 함께 태권도를 배운다.

표현2 형제끼리 친하게 지내렴.

형부
형 형 + 남편 부

뜻
언니의 남편

표현1 언니는 형부와 여행을 떠났다.

표현2 형부는 언니와 잘 어울리는 사람이 었다.

친형
친할 친 + 형 형

뜻
같은 부모에게서 난 형

표현1 그 형은 친형이 아니라 그냥 아는 형이야.

표현2 민수는 친형과 매우 친하다.

호형호제
부를 호 + 형 형 + 부를 호 + 아우 제

뜻
형이라 부르고 아우라 부름
매우 가까운 친구로 지냄

표현1 나는 그와 호형호제하며 지낸다.

표현2 아빠는 호형호제하는 사람이 많다.

형 형(兄)은 사람(人) 위에 키가 큰
다른 사람의 입(口)이 있는 모양입니다.

 **글쓰기 꽉 잡아** 형 형(兄)을 넣어 한 문장 글쓰기를 해 보세요.

형제 형과 동생

형제는 어제

형부 언니의 남편

형부는 항상

친형 같은 부모에게서 난 형

영철이 친형은

호형호제 형이라 부르고 아우라 부름

호형호제한다고 해도

형 형(兄)이 들어간 단어를 2개 이상 사용하여 문장을 써 보세요.

예시

친형은 아니지만 이제부터 호형호제하며 지내기로 했다.

---

1. 단어에 '형'이 들어간 경우를 책 혹은 주변에서 찾아 빈칸에 써 보세요.
2. 형 형(兄)이 사용된 단어에는 ○, 아니면 X를 표시해 보세요.

형님
(형을 높여 부르는 말)

형태
(사물의 생김새나 모양)

도형
(그림의 모양이나 형태)

의형제
(의로 맺은 형제)

'모양'과 관련된 단어를 골라내 보세요.

弟

아우 제

뜻: 아우   소리: 제

추론력
꽉 잡아

한자의 뜻과 그림을 보고 단어의 뜻을 짐작해 보세요.

아우 제 + 아들 자
제자

아들 자 + 아우 제
자제

아내 처 + 아우 제
처제

어려울 난 + 형 형 + 어려울 난 + 아우 제
난형난제

• 아우 제(弟)는 '제자', '나이 어린 사람'이라는 뜻으로도 사용됩니다.

 **어휘력 꽉 잡아** 아우 제(弟)가 숨어 있는 단어를 알아봅시다.

제자
아우 제 + 아들 자

 뜻

아들처럼 가르침을 받는 사람

표현1 제자는 스승에게 예의를 갖추어야 한다.

표현2 스승과 제자가 함께 찍은 사진이다.

자제
아들 자 + 아우 제

 뜻

상대를 높여 그의 아들을 부르는 말

표현1 자제분은 어느 학교에 다니십니까?

표현2 자제분 키가 아주 크군요.

 아우 제(弟)는 '제자'에서는 그대로 제자라는 뜻으로 '자제'에서는 나이 어린 사람이라는 뜻으로 사용되었습니다.

처제
아내 처 + 아우 제

 뜻

아내의 여동생

표현1 아내와 처제는 매우 닮았다.

표현2 처제는 이제 대학생이다.

난형난제
어려울 난 + 형 형 + 어려울 난 + 아우 제

 뜻

누구를 형이라 누구를 아우라 하기 힘듦 두 사람의 실력이 비슷하다.

표현1 스케이트 실력이 난형난제구나.

표현2 난형난제의 두 선수가 결승전에서 만났다.

제자 ^{아들처럼 가르침을 받는 사람}

나의 제자 중에는

자제 ^{상대를 높여 그의 아들을 부르는 말}

자제분은

처제 ^{아내의 여동생}

처제는 요즘

난형난제 ^{두 사람의 실력이 비슷하다.}

그들은 난형난제의

아우 제(弟)가 들어간 단어를 2개 이상 사용하여 문장을 써 보세요.

예시

알고 보니 처제는 아버지의 제자였다.

───────────────────────────────────

탐구력 꽉 잡아

1. 단어에 '제'가 들어간 경우를 책 혹은 주변에서 찾아 빈칸에 써 보세요.
2. 아우 제(弟)가 사용된 단어에는 ○, 아니면 X를 표시해 보세요.

사제
(스승과 제자)

제일
(여럿 가운데서 첫째)

제수
(남자 형제 사이에서 동생의 아내)

제삼자
(세 번째 사람, 관계없는 사람)

'순서' 혹은 '차례'와 관련된 단어를 골라내 보세요.

子

공부한 날

월 　 일

뜻　　　소리

아들 자

 **추론력 꽉 잡아**　한자의 뜻과 그림을 보고 단어의 뜻을 짐작해 보세요.

아들 자 + 여자 녀
자녀

임금 왕 + 아들 자
왕자

효도 효 + 아들 자
효자

아버지 부 + 아들 자 + 있을 유 + 친할 친
부자유친

아들 자(子)가 숨어 있는 단어를 알아봅시다.

자녀
아들 자 + 여자 녀

뜻

아들과 딸

표현1 어릴 때 자녀는 부모님의 보호 아래 자란다.

표현2 자녀가 몇 살입니까?

왕자
임금 왕 + 아들 자

뜻

임금의 아들

표현1 왕자는 조만간 임금이 될걸세.

표현2 왕자가 품위가 없어서 되겠는가?

효자
효도 효 + 아들 자

뜻

효도하는 아들

표현1 우리 아들이 효자네, 효자야.

표현2 효자를 두어서 걱정이 없다.

부자유친
아버지 부 + 아들 자 + 있을 유 + 친할 친

뜻

아버지와 자녀 사이에는
친함이 있어야 한다.

표현1 부자유친은 부자간에 갖추어야 할 덕목이다.

표현2 가족이 화목하려면 부자유친하여야 한다.

아버지는 인자하고 자녀는 부모를
존경해야 한다는 뜻이 있어요.

 **글쓰기 꽉 잡아** 아들 자(子)를 넣어 한 문장 글쓰기를 해 보세요.

자녀 _{아들과 딸}

자녀들은 크면서

왕자 _{임금의 아들}

어린 왕자는

효자 _{효도하는 아들}

효자가 되려면

부자유친 _{아버지와 자녀 사이에는 친함이 있어야 한다.}

부자유친하지 않으면

 창의력 꽉 잡아

아들 자(子)가 들어간 단어를 2개 이상 사용하여 문장을 써 보세요.

예시

둘째 왕자는 지극한 효자이다.

 탐구력 꽉 잡아

1. 단어에 '자'가 들어간 경우를 책 혹은 주변에서 찾아 빈칸에 써 보세요.
2. 아들 자(子)가 사용된 단어에는 ○, 아니면 X를 표시해 보세요.

자식
(아들과 딸 전체를 부르는 말)

세자
(앞으로 임금이 될 왕의 아들)

자기
(그 사람 자신)

자동
(기계가 스스로 작동함)

'스스로'와 관련된 단어를 골라내 보세요.

孫

손자 손 (뜻) 손 (소리)

추론력 꽉 잡아

한자의 뜻과 그림을 보고 단어의 뜻을 짐작해 보세요.

손자 손 + 여자 녀
손녀

아들 자 + 손자 손
자손

자손 대대로 이어져온 비법이죠

뒤 후 + 손자 손
후손

세대 대 + 세대 대 + 손자 손 + 손자 손
대대손손

내가 곰의 후손이라고...?

대대손손 물려주자!
훗!

 손자 손(孫)이 숨어 있는 단어를 알아봅시다.

손녀
손자 손 + 여자 녀

뜻
자녀의 딸

표현1 할머니는 손녀를 업었다.

표현2 할아버지 손녀는 몇 살이나 되었나요?

자손
아들 자 + 손자 손

뜻
자식과 손자를 모두 이르는 말

표현1 나는 최씨 가문 자손이다.

표현2 자손 대대로 당당하게 살았다.

 자녀의 아들은 손자,
자녀의 딸은 손녀라고 합니다.

후손
뒤 후 + 손자 손

뜻
이후에 태어난 자손

표현1 후손들은 정성껏 제사를 지내며 조상을 모신다.

표현2 지구는 후손들이 살아갈 터전입니다.

대대손손
세대 대 + 세대 대 + 손자 손 + 손자 손

뜻
대대로 이어 내려오는 자손

표현1 자랑스러운 우리 전통을 대대손손 물려주어야 한다.

표현2 우리 국토를 대대손손 깨끗이 보존하자.

 손자 손(孫)을 넣어 한 문장 글쓰기를 해 보세요.

손녀 자녀의 딸

손녀는 곧

자손 자식과 손자를 모두 이르는 말

할아버지의 자손들은 모두

후손 이후에 태어난 자손

후손들에게

대대손손 대대로 이어 내려오는 자손

김치는

창의력 꽉 잡아

손자 손(孫)이 들어간 단어를 2개 이상 사용하여 문장을 써 보세요.

예시

할머니의 손녀들은 자손들이 볼 수 있도록 기록을 모았다.

탐구력 꽉 잡아

1. 단어에 '손'이 들어간 경우를 책 혹은 주변에서 찾아 빈칸에 써 보세요.
2. 손자 손(孫)이 사용된 단어에는 ○, 아니면 X를 표시해 보세요.

손자
(아들의 아들)

손해
(물질적, 정신적으로 밑짐)

손실
(잃어버려서 손해를 봄)

세손
(세자의 맏아들)

'줄어드는 것'과 관련된 단어를 골라내 보세요.

3주 차 복습

콩나물쌤의 강의를 먼저 듣고 공부를 시작하면 이해가 쏙쏙!

QR 코드를 스캔하면 강의 영상을 볼 수 있어요.

1. 왼쪽 어휘를 보고 그 뜻으로 알맞은 것을 골라 선으로 연결하세요.

노모 •   • 늙은 어머니

형부 •   • 언니의 남편

처제 •   • 자녀의 딸

부자유친 •   • 아버지와 자녀 사이에는 친함
                          이 있어야 한다.

손녀 •   • 아내의 여동생

2. 다음 뜻을 가진 어휘를 쓰세요.

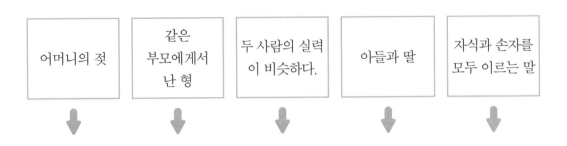

| 어머니의 젖 | 같은 부모에게서 난 형 | 두 사람의 실력이 비슷하다. | 아들과 딸 | 자식과 손자를 모두 이르는 말 |

3. 보기에서 알맞은 한자어를 골라 각 뜻을 나타내는 어휘를 만들어 보세요.

보기 **아들 자, 아우 제, 형 형, 어머니 모, 손자 손**

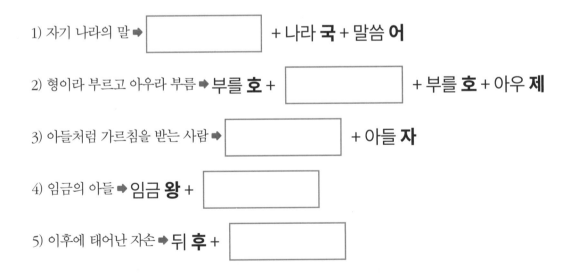

1) 자기 나라의 말 ➡ [   ] + 나라 **국** + 말씀 **어**

2) 형이라 부르고 아우라 부름 ➡ 부를 **호** + [   ] + 부를 **호** + 아우 **제**

3) 아들처럼 가르침을 받는 사람 ➡ [   ] + 아들 **자**

4) 임금의 아들 ➡ 임금 **왕** + [   ]

5) 이후에 태어난 자손 ➡ 뒤 **후** + [   ]

4. 다음 어휘를 이용해 한 문장 글쓰기를 해 보세요.

현모양처

➡ _____

형제

➡ _____

자제

➡ _____

효자

➡ _____

대대손손

➡ _____

4주차

童
아이 동

추론력
꽉 잡아

한자의 뜻과 그림을 보고 단어의 뜻을 짐작해 보세요.

아이 동 + 마음 심
동심

아이 동 + 노래 요
동요

아이 동 + 말씀 화
동화

석 삼 + 자 척 + 아이 동 + 아들 자
삼척동자

아이 동(童)이 숨어 있는 단어를 알아봅시다.

동심
아이 동 + 마음 심

뜻

아이의 마음
순수한 마음

표현1 동심으로 돌아가 신나게 놀았다.

표현2 그 이야기에는 순수한 동심이 잘 표현되어 있다.

동요
아이 동 + 노래 요

뜻

아이를 위한 노래

표현1 동요 대회에 많은 아이가 참가했다.

표현2 아이들은 입을 모아 동요를 불렀다.

동화
아이 동 + 말씀 화

뜻

아이를 위한 이야기

표현1 내 꿈은 동화 작가가 되는 거야.

표현2 그 아이는 동화를 읽고 있었다.

삼척동자
석 삼 + 자 척 + 아이 동 + 아들 자

뜻

키가 삼 척밖에 안 되는 어린아이
무식한 사람을 비유하는 말

표현1 삼척동자도 알 만한 것을 그는 왜 모를까?

표현2 세종대왕은 삼척동자도 안다.

척의 길이는 시대마다 다른데 1척은 대략 30cm를 뜻합니다.

글쓰기
꽉 잡아

아이 동(童)을 넣어 한 문장 글쓰기를 해 보세요.

동심 아이의 마음

나는 가끔 [   ]

동요 아이를 위한 노래

동요를 틀어주자 [   ]

동화 아이를 위한 이야기

어제는 조용히 [   ]

삼척동자 키가 삼 척밖에 안 되는 어린아이

[   ] 은(는) 삼척동자도 알겠다.

아이 동(童)이 들어간 단어를 2개 이상 사용하여 문장을 써 보세요.

예시

> 모두들 동심으로 돌아가 신나게 동요를 따라 불렀다.

1. 단어에 '동'이 들어간 경우를 책 혹은 주변에서 찾아 빈칸에 써 보세요.
2. 아이 동(童)이 사용된 단어에는 ○, 아니면 X를 표시해 보세요.

동안
(어린아이의 얼굴)

입동
(절기상 겨울이 시작되는 날)

악동
(행실이 나쁜 아이)

동면
(동물들의 겨울잠)

'겨울'과 관련된 단어를 골라내 보세요.

뜻 소리
효도 효

 **추론력 꽉 잡아** 한자의 뜻과 그림을 보고 단어의 뜻을 짐작해 보세요.

효도 효 + 도리 도
효도

효도 효 + 마음 심
효심

아닐 불 + 효도 효
불효

아닐 불 + 충성 충 + 아닐 불 + 효도 효
불충불효

효도 효(孝)가 숨어 있는 단어를 알아봅시다.

효도

효도 효 + 도리 도

뜻

부모님을 잘 섬기는 도리

표현1 부모님께 효도하자.

표현2 효도하지 못한 것이 늘 후회스럽다.

효심

효도 효 + 마음 심

뜻

부모께 효도하려는 마음

표현1 효심을 다해 어머니를 간호했다.

표현2 효심이 부족하지 않았나 반성했다.

 도리는 '마땅히 행해야 하는 바른길'이라는 뜻입니다.

불효

아닐 불 + 효도 효

뜻

효도가 아닌 말과 행동

표현1 항상 부모에게 불효하지 않으려고 노력했다.

표현2 그는 불효를 저질렀다며 슬퍼했다.

불충불효

아닐 불 + 충성 충 + 아닐 불 + 효도 효

뜻

충성스럽지 않고 효성스럽지 않음

표현1 도둑질은 불충불효한 짓이다.

표현2 불충불효한 사람들이 사회에 나쁜 영향을 끼치고 있다.

 **글쓰기 꽉 잡아** 효도 효(孝)를 넣어 한 문장 글쓰기를 해 보세요.

효도 부모님을 잘 섬기는 도리

내가 할 수 있는 효도는

효심 부모께 효도하려는 마음

심청이는

불효 효도가 아닌 말과 행동

만약 불효했다면

불충불효 충성스럽지 않고 효성스럽지 않음

불충불효했던 행동을

창의력
꽉 잡아

효도 효(孝)가 들어간 단어를 2개 이상 사용하여 문장을 써 보세요.

예시
그녀는 효심이 부족해 불효를 저지를까 걱정되었다.

탐구력
꽉 잡아

1. 단어에 '효'가 들어간 경우를 책 혹은 주변에서 찾아 빈칸에 써 보세요.
2. 효도 효(孝)가 사용된 글자에는 ○, 아니면 X를 표시해 보세요.

효녀
(부모를 잘 섬기는 딸)

효자
(부모를 잘 섬기는 아들)

효력
(무언가 사용한 후에
나타나는 효과의 힘)

약효
(약의 효과)

'효과'와 관련된 단어를 골라내 보세요.

道

뜻   소리
길 도

추론력 꽉 잡아

한자의 뜻과 그림을 보고 단어의 뜻을 짐작해 보세요.

길 도 + 길 로
도로

물 수 + 길 도
수도

길 도 + 클 덕
도덕

여덟 팔 + 길 도 + 강 강 + 뫼 산
팔도강산

• 길 도(道)는 사람이 마땅히 행해야 할 '도리'라는 뜻으로도 사용됩니다.

 길 도(道)가 숨어 있는 단어를 알아봅시다.

도로
길 도 + 길 로

 뜻

사람이나 차가 다니도록 만든 큰길

표현1 도로 위를 차들이 쌩쌩 달린다.

표현2 도로 위를 달리던 차들이 멈춰 섰다.

수도
물 수 + 길 도

 뜻

물이 흐르는 길

표현1 상수도에는 깨끗한 물이 흐른다.

표현2 하수도에는 사용한 더러운 물이 흐른다.

도덕
길 도 + 클 덕

 뜻

사람이 스스로 지켜야 할 도리

표현1 도덕에 어긋난 행동을 하고 말았다.

표현2 도덕 시간에 양심에 대해 배웠다.

팔도강산
여덟 팔 + 길 도 + 강 강 + 뫼 산

 뜻

우리나라 전국 팔도의 강과 산

표현1 팔도강산을 구경하고 다녔다.

표현2 아빠는 팔도강산을 다니며 물건을 파셨다.

 도덕에서 길 도(道)는 '도리'라는 뜻으로 바뀌었습니다.

길 도(道)를 넣어 한 문장 글쓰기를 해 보세요.

도로 사람이나 차가 다니도록 만든 큰길

차들은 ....

수도 물이 흐르는 길

수도를 깨끗하게 ....

도덕 사람이 스스로 지켜야 할 도리

도덕은 사람들이 ....

팔도강산 우리나라 전국 팔도의 강과 산

나는 어릴 때부터 ....

길 도(道)가 들어간 단어를 2개 이상 사용하여 문장을 써 보세요.

예시

팔도강산의 전 국민이 도덕적으로 살면 좋겠다.

---

1. 단어에 '도'가 들어간 경우를 책 혹은 주변에서 찾아 빈칸에 써 보세요.
2. 길 도(道)가 사용된 단어에는 ○, 아니면 X를 표시해 보세요.

식도
(삼킨 음식이
지나는 길)

도표
(여러 가지 자료를
그림으로 나타낸 표)

궤도
(사물이 움직이도록
정해진 길)

지도
(땅의 상태를
나타내는 그림)

'그림'과 관련된 단어를 골라내 보세요.

者

뜻
사람

소리
자

추론력 꽉 잡아

한자의 뜻과 그림을 보고 단어의 뜻을 짐작해 보세요.

강할 강 + 사람 자
강자

닭싸움 최강자전

병 병 + 사람 자
병자

이길 승 + 사람 자
승자

이겼다!

맺을 결 + 사람 자 + 풀 해 + 그것 지
결자해지

결자해지!
칫

사람 자(者)가 숨어 있는 단어를 알아봅시다.

강자
강할 강 + 사람 자

뜻

힘이나 세력이 강한 사람

표현1 누가 이번 대회의 강자일까?

표현2 정글에서는 강자만이 살아남는다.

병자
병 병 + 사람 자

뜻

병을 앓는 사람

표현1 병자를 두고 그냥 갈 수 없네.

표현2 병자를 도와주느라 많이 늦었다.

승자
이길 승 + 사람 자

뜻

경쟁에서 이긴 사람

표현1 전쟁에 승자란 없다.

표현2 승자라고 패자를 무시해선 안 된다.

결자해지
맺을 결 + 사람 자 + 풀 해 + 그것 지

뜻

맺은 사람이 풀어야 한다.
일을 저지른 사람이 해결해야 한다.

표현1 문을 망가뜨린 사람이 누구니? 결자해지해야지.

표현2 결자해지라고 했으니 제가 정리하겠습니다.

사람 자(者)를 넣어 한 문장 글쓰기를 해 보세요.

강자 힘이나 세력이 강한 사람

강자라고 해서

병자 병을 앓는 사람

병원에는

승자 경쟁에서 이긴 사람

이번 경기 승자는

결자해지 일을 저지른 사람이 해결해야 한다.

제가

 **창의력 꽉 잡아** 사람 자(者)가 들어간 단어를 2개 이상 사용하여 문장을 써 보세요.

예시

강자가 꼭 승자가 되는 것은 아니야.

 **탐구력 꽉 잡아**

1. 단어에 '자'가 들어간 경우를 책 혹은 주변에서 찾아 빈칸에 써 보세요.
2. 사람 자(者)가 사용된 단어에는 ○, 아니면 X를 표시해 보세요.

 **약자**
(힘이나 세력이 약한 사람)

부자
(재물이 많아 살림이 넉넉한 사람)

 **자막**
(영화에서 읽을 수 있게 화면에 비추는 글자)

숫자
(수를 나타내는 글자)

 '글자'와 관련된 단어를 골라내 보세요.

夫

뜻 소리

남편 부

 한자의 뜻과 그림을 보고 단어의 뜻을 짐작해 보세요.

추론력 꽉 잡아

남편 부 + 아내 부
부부

농사 농 + 남편 부
농부

쇳돌 광 + 남편 부
광부

클 대 + 어른 장 + 남편 부
대장부

사내대장부가 이런일로 우는거 아니야.

• 남편 부(夫)는 '일꾼', '사내'라는 뜻으로도 사용됩니다.

 **어휘력 꽉 잡아** 남편 부(夫)가 숨어 있는 단어를 알아봅시다.

부부
남편 부 + 아내 부

뜻
남편과 아내

표현1 부부는 서로 도우며 살아야 한다.

표현2 저희 부부는 결혼한 지 10년이 되었습니다.

농부
농사 농 + 남편 부

뜻
농사 짓는 사람

표현1 농부가 밭을 갈고 있었다.

표현2 태풍이 온다고 하자 농부의 마음은 타 들어갔다.

 남편 부(夫)는 농부·광부에서는 '일꾼'으로, 대장부에서는 '사내'라는 뜻으로 사용되었습니다.

광부
쇳돌 광 + 남편 부

뜻
광산에서 광물 캐는 사람

표현1 광부는 석탄을 캐고 있었다.

표현2 갱도가 무너져 광부가 갇혔다.

대장부
클 대 + 어른 장 + 남편 부

뜻
건장하고 씩씩한 남자

표현1 대장부가 그런 일로 좌절해서는 안 되지.

표현2 사내대장부는 약속을 꼭 지킨다.

글쓰기 꽉 잡아 남편 부(夫)를 넣어 한 문장 글쓰기를 해 보세요.

부부 남편과 아내

부부가 함께

농부 농사 짓는 사람

농부 덕분에

광부 광산에서 광물 캐는 사람

광부는 오늘도

대장부 건장하고 씩씩한 남자

사내대장부가 아니어도

 사내대장부는 사내를 붙여 '대장부'를 강조하는 말입니다.

109

창의력 꽉 잡아

남편 부(夫)가 들어간 단어를 2개 이상 사용하여 문장을 써 보세요.

예시

이웃집 부부는 농부답게 일찍 일어났다.

탐구력 꽉 잡아

1. 단어에 '부'가 들어간 경우를 책 혹은 주변에서 찾아 빈칸에 써 보세요.
2. 남편 부(夫)가 사용된 단어에는 ○, 아니면 X를 표시해 보세요.

부인
(남의 아내를 높여
부르는 말)

하부
(아래 부분)

마부
(말을 부려 마차나
수레를 모는 사람)

전부
(사물의 모든 부분)

'부분'과 관련된 단어를 골라내 보세요.

110

4주 차 복습

콩나물쌤의 강의를 먼저 듣고 공부를 시작하면 이해가 쏙쏙!

QR 코드를 스캔하면 강의 영상을 볼 수 있어요.

1. 왼쪽 어휘를 보고 그 뜻으로 알맞은 것을 골라 선으로 연결하세요.

동심 •   • 남편과 아내

효심 •   • 일을 저지른 사람이 해결해야
                                   한다.

도덕 •   • 사람이 스스로 지켜야 할 도리

결자해지 •   • 부모께 효도하려는 마음

부부 •   • 아이의 마음

2. 다음 뜻을 가진 어휘를 쓰세요.

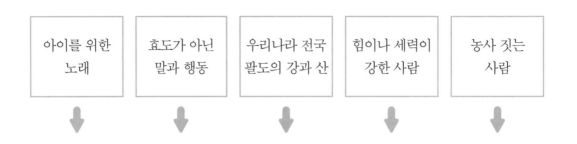

| 아이를 위한
노래 | 효도가 아닌
말과 행동 | 우리나라 전국
팔도의 강과 산 | 힘이나 세력이
강한 사람 | 농사 짓는
사람 |

3. 보기에서 알맞은 한자어를 골라 각 뜻을 나타내는 어휘를 만들어 보세요.

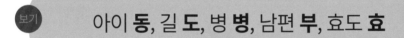

보기　아이 **동**, 길 **도**, 병 **병**, 남편 **부**, 효도 **효**

1) 아이를 위한 이야기 ➡ [   ] + 말씀 **화**

2) 충성스럽지 않고 효성스럽지 않음 ➡ 아닐 **불** + 충성 **충** + 아닐 **불** + [   ]

3) 사람이나 차가 다니도록 만든 큰길 ➡ [   ] + 길 **로**

4) 병을 앓는 사람 ➡ [   ] + 사람 **자**

5) 광산에서 광물 캐는 사람 ➡ 쇳돌 **광** + [   ]

4. 다음 어휘를 이용해 한 문장 글쓰기를 해 보세요.

삼척동자

➡ _____

효도

➡ _____

수도

➡ _____

승자

➡ _____

대장부

➡ _____

韓

뜻   소리
한국 한

추론력 꽉 잡아

한자의 뜻과 그림을 보고 단어의 뜻을 짐작해 보세요.

한국 한 + 밥 식
한식

한국 한 + 소 우
한우

한국 한 + 약 약
한약

클 대 + 한국 한 + 백성 민 + 나라 국
대한민국

 어휘력 꽉 잡아

한국 한(韓)이 숨어 있는 단어를 알아봅시다.

한식
한국 한 + 밥 식

 뜻
한국 전통 음식

표현1 김치는 대표적인 한식이다.

표현2 한식을 좋아하는 외국인이 많이 늘었다.

한우
한국 한 + 소 우

 뜻
한국 전통 소

표현1 한우는 비싸지만 맛이 좋다.

표현2 오늘 저녁은 한우를 먹으러 가자.

 외국에서 사 온 소고기는 수입육이라고 불러요.

한약
한국 한 + 약 약

 뜻
한국 전통 약

표현1 아빠가 한약을 지어 오셨다.

표현2 한약이 너무 써서 먹기 힘들었다.

대한민국
클 대 + 한국 한 + 백성 민 + 나라 국

 뜻
우리나라 이름

표현1 대한민국 국민임이 자랑스럽다.

표현2 대한민국에는 사계절이 있다.

글쓰기 꽉 잡아

한국 한(韓)을 넣어 한 문장 글쓰기를 해 보세요.

한식 _{한국 전통 음식}

내가 가장

한우 _{한국 전통 소}

나는 한우를

한약 _{한국 전통 약}

할머니 댁에는

대한민국 _{우리나라 이름}

대한민국은

창의력 꽉 잡아

한국 한(韓)이 들어간 단어를 2개 이상 사용하여 문장을 써 보세요.

예시

한약을 먹는 동안에는 한식을 먹는 것이 좋다.

탐구력 꽉 잡아

1. 단어에 '한'이 들어간 경우를 책 혹은 주변에서 찾아 빈칸에 써 보세요.
2. 한국 한(韓)이 사용된 단어에는 ○, 아니면 X를 표시해 보세요.

한지
(한국의 전통 종이)

한기
(추운 기운)

남한
(대한민국의 남쪽 지역)

한파
(겨울철에 기온이 갑자기 내려가는 현상)

 '차가운 것'과 관련된 단어를 골라내 보세요.

^뜻 나라 ^{소리} 국

추론력 꽉 잡아

한자의 뜻과 그림을 보고 단어의 뜻을 짐작해 보세요.

나라 국 + 집 가
국가

나라 국 + 말씀 어
국어

강할 강 + 클 대 + 나라 국
강대국

사랑 애 + 나라 국 + 사랑 애 + 겨레 족
애국 애족

어휘력 꽉 잡아

나라 국(國)이 숨어 있는 단어를 알아봅시다.

국가
나라 국 + 집 가

뜻

나라

표현1 세계 여러 국가의 선수들이 모였다.

표현2 그는 국가 대표 체조 선수이다.

국어
나라 국 + 말씀 어

뜻

우리나라의 말
우리말

표현1 나는 여러 과목 중 국어를 가장 좋아한다.

표현2 그녀는 외국에서 자라 국어가 매우 서툴다.

강대국
강할 강 + 클 대 + 나라 국

뜻

강하고 큰 나라

표현1 우리나라는 이제 문화 강대국이다.

표현2 미국은 세계 최고의 경제 강대국으로 자리 잡았다.

애국 애족
사랑 애 + 나라 국 + 사랑 애 + 겨레 족

뜻

나라와 겨레를 사랑함

표현1 애국 애족의 정신을 실천해야 한다.

표현2 애국 애족의 결과, 우리나라는 독립할 수 있었다.

강대국의 반대말로 약소국이 있습니다.

나라 국(國)을 넣어 한 문장 글쓰기를 해 보세요.

국가 ^{나라}

국가를 대표하여

국어 ^{우리말}

아빠는 중학교에서

강대국 ^{강하고 큰 나라}

강대국이 되기 위해서는

애국 애족 ^{나라와 겨레를 사랑함}

모두가 애국 애족한다면

나라 국(國)이 들어간 단어를 2개 이상 사용하여 문장을 써 보세요.

예시

강대국이 되려면 국민들이 모두 애국 애족해야 한다.

1. 단어에 '국'이 들어간 경우를 책 혹은 주변에서 찾아 빈칸에 써 보세요.
2. 나라 국(國)이 사용된 단어에는 ○, 아니면 X를 표시해 보세요.

국왕
(나라의 임금)

결국
(일의 결과가
그렇게 돌아감)

국모
(임금의 아내를
부르는 말)

형국
(어떤 일이 벌어진 형편)

'처지' 혹은 '형편'과 관련된 단어를 골라내 보세요.

漢 ^뜻 한나라 ^{소리} 한

추론력 꽉 잡아

한자의 뜻과 그림을 보고 단어의 뜻을 짐작해 보세요.

한나라 한 + 글자 자
한자

한나라 한 + 과자 과
한과

악할 악 + 한나라 한
악한

문 문 + 바깥 외 + 한나라 한
문외한

• 한나라 한(漢)은 '사람'이라는 뜻으로도 사용됩니다.

 어휘력 꽉 잡아 한나라 한(漢)이 숨어 있는 단어를 알아봅시다.

한자
한나라 한 + 글자 자

뜻
중국 한나라의 글자

표현1 예전에는 신문에 한자가 많았다.

표현2 한자는 어렵지만 한자어는 어렵지
않다.

한과
한나라 한 + 과자 과

뜻
한나라의 과자

표현1 제사상에 한과를 놓았다.

표현2 할머니는 쌀강정, 약과 등 한과를 특
별히 좋아하셨다.

악한
악할 악 + 한나라 한

뜻
악한 사람
나쁜 사람

표현1 악한은 결국 벌을 받게 되었다.

표현2 악한은 붙잡혀 교도소에 갔다.

문외한
문 문 + 바깥 외 + 한나라 한

뜻
문 밖에 있는 사람
어떤 일을 잘 모르는 사람

표현1 나는 프랑스어에는 문외한이다.

표현2 아빠도 의학에 대해서는 문외한입
니다.

 악한과 문외한에서 한나라 한(漢)은
'사람'이라는 뜻으로 사용되었습니다.

124

한나라 한(漢)을 넣어 한 문장 글쓰기를 해 보세요.

한자 중국 한나라의 글자

한자를 몰라도

한과 한나라의 과자

요즘에는 먹을 게 많아

악한 나쁜 사람

그는 사실

문외한 어떤 일을 잘 모르는 사람

엄마는

한자는 한나라 이전부터 있었지만 한나라 때 이름이 붙어서 한자라고 불립니다.

창의력 꽉 잡아

한나라 한(漢)이 들어간 단어를 2개 이상 사용하여 문장을 써 보세요.

예시

한과를 한자로 쓸 수 있니?

탐구력 꽉 잡아

1. 단어에 '한'이 들어간 경우를 책 혹은 주변에서 찾아 빈칸에 써 보세요.
2. 한나라 한(漢)이 사용된 단어에는 ○, 아니면 X를 표시해 보세요.

한문
(한자로 쓰인 글)

한학
(한문을 연구하는 학문)

한계
(사물의 정해진 범위)

제한
(일정 한도를 넘지
못하게 막음)

'조건에 묶이는 것'과 관련된 단어를 골라내 보세요.

王

뜻 소리
임금 왕

한자의 뜻과 그림을 보고 단어의 뜻을 짐작해 보세요.

임금 왕 + 나라 국
왕국

클 대 + 임금 왕
대왕

임금 왕 + 왕비 비
왕비

마을 염 + 벌일 라 + 클 대 + 임금 왕
염라대왕

 어휘력 꽉 잡아

임금 왕(王)이 숨어 있는 단어를 알아봅시다.

왕국
임금 왕 + 나라 국

뜻

왕이 있는 나라
강한 나라

표현1 조선은 왕이 있는 왕국이다.

표현2 브라질은 축구 왕국이다.

대왕
클 대 + 임금 왕

뜻

큰 임금

표현1 광개토대왕은 우리 국토를 만주까지 크게 넓혔다.

표현2 대왕이 되려면 업적이 많아야 한다.

 요즘에는 왕이 있는 나라는 별로 없어요.
대신 대통령이나 총리가 있어요.

왕비
임금 왕 + 왕비 비

뜻

임금의 아내

표현1 왕비는 늘 왕과 함께했다.

표현2 왕비가 되었지만 행복하지 않았다.

염라대왕
마을 염 + 벌일 라 + 클 대 + 임금 왕

뜻

염라라는 지옥을 다스리는 대왕

표현1 죽으면 저승에서 염라대왕에게 심판을 받게 된다.

표현2 염라대왕 앞에 꿇어앉아 잘못을 뉘우쳤다.

임금 왕(王)을 넣어 한 문장 글쓰기를 해 보세요.

왕국 왕이 있는 나라

대한민국은 왕이 없으므로

대왕 큰 임금

세종대왕은

왕비 임금의 아내

왕과 왕비는

염라대왕 염라라는 지옥을 다스리는 대왕

염라대왕은 그에게

창의력 꽉 잡아

임금 왕(王)이 들어간 단어를 2개 이상 사용하여 문장을 써 보세요.

예시

염라대왕은 저승에 온 대왕을 미소로 맞았다.

탐구력 꽉 잡아

1. 단어에 '왕'이 들어간 경우를 책 혹은 주변에서 찾아 빈칸에 써 보세요.
2. 임금 왕(王)이 사용된 단어에는 ○, 아니면 X를 표시해 보세요.

왕권
(왕이 가진 권력)

왕복
(갔다가 돌아옴)

왕진
(의사가 환자에게
가서 진찰함)

왕명
(왕의 명령)

'가는 것'과 관련된 단어를 골라내 보세요.

土

뜻 소리
선비 사

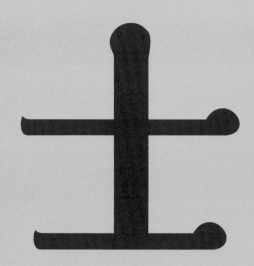
추론력 꽉 잡아 한자의 뜻과 그림을 보고 단어의 뜻을 짐작해 보세요.

큰 띠 신 + 선비 사
신사

옳을 의 + 선비 사
의사

넓을 박 + 선비 사
박사

없을 무 + 이름 명 + 어조사 지 + 선비 사
무명지사

• 선비는 학식이 있으나 벼슬을 하지 않은 사람을 이릅니다.

선비 사(土)가 숨어 있는 단어를 알아봅시다.

신사
큰 띠 신 + 선비 사

 뜻

허리에 큰 띠를 두른 선비 같은 남자
교양이 있고 예의 바른 남자

표현1 신사 여러분께서는 입장해 주시기
바랍니다.

표현2 신사는 항상 다른 사람을 배려한다.

의사
옳을 의 + 선비 사

 뜻

무력으로써 항거하여
의롭게 죽은 사람

표현1 독립운동가 중에는 의사도 있고 열
사도 있다.

표현2 안중근 의사 기념관은 남산에 있다.

박사
넓을 박 + 선비 사

 뜻

넓게 아는 선비 같은 사람
대학에서 가장 높은 학위

표현1 너는 아는 게 많아서 박사 같아.

표현2 삼촌은 곤충을 연구해 박사가 되었다.

무명지사
없을 무 + 이름 명 + 어조사 지 + 선비 사

 뜻

이름이 알려지지 않은 선비

표현1 수많은 무명지사들이 독립운동을 하
였다.

표현2 무명지사들은 아무런 대가 없이 나
라를 위해 헌신했다.

선비 사(士)를 넣어 한 문장 글쓰기를 해 보세요.

신사 교양이 있고 예의 바른 남자

신사가 되려면

의사 무력으로써 항거하여 의롭게 죽은 사람

뜻 있는 의사가

박사 대학에서 가장 높은 학위

내 동생은

무명지사 이름이 알려지지 않은 선비

무명지사들은

창의력 꽉 잡아 선비 사(土)가 들어간 단어를 2개 이상 사용하여 문장을 써 보세요.

예시

나는 윤봉길 의사에 대해 공부해 박사가 될 거야.

탐구력 꽉 잡아

1. 단어에 '사'가 들어간 경우를 책 혹은 주변에서 찾아 빈칸에 써 보세요.
2. 선비 사(土)가 사용된 단어에는 ○, 아니면 X를 표시해 보세요.

장사
(힘이 아주 센 사람)

사망
(사람이 죽음)

강사
(강의를 하는 사람)

전사
(전쟁터에서 싸우다 죽음)

'죽음'과 관련된 단어를 골라내 보세요.

5주 차 복습

콩나물쌤의 강의를 먼저 듣고 공부를 시작하면 이해가 쏙쏙!

QR 코드를 스캔하면 강의 영상을 볼 수 있어요.

1. 왼쪽 어휘를 보고 그 뜻으로 알맞은 것을 골라 선으로 연결하세요.

한식   •   • 우리말

국어   •   • 나쁜 사람

악한   •   • 교양이 있고 예의 바른 남자

염라대왕•   • 한국 전통 음식

신사   •   • 염라라는 지옥을 다스리는 대왕

2. 다음 뜻을 가진 어휘를 쓰세요.

한국 전통 소	강하고 큰 나라	어떤 일을 잘 모르는 사람	왕이 있는 나라	무력으로써 항거하여 의롭게 죽은 사람
⬇	⬇	⬇	⬇	⬇

3. 보기에서 알맞은 한자어를 골라 각 뜻을 나타내는 어휘를 만들어 보세요.

보기 선비 **사**, 한국 **한**, 임금 **왕**, 나라 **국**, 한나라 **한**

1) 한국 전통 약 ➡ [   ] + 약 **약**

2) 나라와 겨레를 사랑함 ➡ 사랑 **애** + [   ] + 사랑 **애** + 겨레 **족**

3) 중국 한나라의 글자 ➡ [   ] + 글자 **자**

4) 큰 임금 ➡ 클 **대** + [   ]

5) 넓게 아는 선비 같은 사람 ➡ 넓을 **박** + [   ]

4. 다음 어휘를 이용해 한 문장 글쓰기를 해 보세요.

대한민국

➡ _____

국가

➡ _____

한과

➡ _____

왕비

➡ _____

무명지사

➡ _____

軍

뜻   소리
군사 군

추론력 꽉 잡아

한자의 뜻과 그림을 보고 단어의 뜻을 짐작해 보세요.

군사 군 + 사람 인
군인

나라 국 + 군사 군
국군

클 대 + 군사 군
대군

일천 천 + 군사 군 + 일만 만 + 말 마
천군만마

• 군사 군(軍)은 전차를(車) 중심으로 둘러싸고 있는(冖) 군인을 표현합니다.

 군사 군(軍)이 숨어 있는 단어를 알아봅시다.

군인
군사 군 + 사람 인

뜻

군대에서 복무하는 사람

표현1 삼촌은 군인이다.

표현2 터미널에는 많은 군인이 있었다.

국군
나라 국 + 군사 군

뜻

나라의 군대

표현1 국군은 우리나라를 지킨다.

표현2 국군 장병 아저씨께 감사를 드리자.

대군
클 대 + 군사 군

뜻

병사 수가 많은 군대

표현1 청나라가 대군을 이끌고 조선을 쳐들어왔다.

표현2 을지문덕은 수나라 백만 대군을 물리쳤다.

천군만마
일천 천 + 군사 군 + 일만 만 + 말 마

뜻

천 명의 군사와 일만 마리의 말
큰 도움이 되는 사람

표현1 우리 아들이 도와주니 천군만마를 얻은 것 같구나.

표현2 그가 온다면 천군만마를 얻은 것과 마찬가지다.

글쓰기 꽉 잡아 군사 군(軍)을 넣어 한 문장 글쓰기를 해 보세요.

군인 군대에서 복무하는 사람

군인은 언제나

국군 나라의 군대

국군 병원에는

대군 병사 수가 많은 군대

대군을 이끌기 위해서는

천군만마 큰 도움이 되는 사람

그녀는

창의력 꽉 잡아 군사 군(軍)이 들어간 단어를 2개 이상 사용하여 문장을 써 보세요.

예시

국군에는 많은 군인이 있다.

탐구력 꽉 잡아

1. 단어에 '군'이 들어간 경우를 책 혹은 주변에서 찾아 빈칸에 써 보세요.
2. 군사 군(軍)이 사용된 단어에는 ○, 아니면 X를 표시해 보세요.

군가
(군인이 부르는 노래)

군사
(예전에 군인을
부르는 말)

군수
(군청의 우두머리)

군청
(군의 행정 사무를
맡아보는 기관)

'마을'과 관련된 단어를 골라내 보세요.

民

뜻 소리
백성 민

 추론력 꽉 잡아

한자의 뜻과 그림을 보고 단어의 뜻을 짐작해 보세요.

백성 민 + 집 가
민가

백성 민 + 마음 심
민심

살 주 + 백성 민
주민

가르칠 훈 + 백성 민 + 바를 정 + 소리 음
훈민정음

백성 민(民)이 숨어 있는 단어를 알아봅시다.

민가
백성 민 + 집 가

뜻

일반 백성의 집

표현1 민가는 궁궐이나 귀족의 집과는 다르다.

표현2 시골 마을에 민가가 드문드문 있다.

민심
백성 민 + 마음 심

뜻

일반 백성의 마음

표현1 왕도 민심을 잃어서는 안 된다.

표현2 전쟁이 나자 민심이 흉흉하다.

주민
살 주 + 백성 민

뜻

일정 지역에 사는 사람

표현1 산불이 나자 주민들은 모두 급히 대피했다.

표현2 주민 여러분은 모두 강당으로 모여 주시기 바랍니다.

훈민정음
가르칠 훈 + 백성 민 + 바를 정 + 소리 음

뜻

백성을 가르치는 바른 소리
우리나라 글자

표현1 세종대왕은 훈민정음을 창제하셨다.

표현2 훈민정음은 1446년에 반포되었다.

백성은 한 나라에 사는 국민을 옛날 방식으로 부르는 말입니다.

백성 민(民)을 넣어 한 문장 글쓰기를 해 보세요.

민가 일반 백성의 집

민가에는

민심 일반 백성의 마음

먹을 것이 부족해

주민 일정 지역에 사는 사람

학교 부근 주민들은

훈민정음 우리나라 글자

훈민정음은

 **창의력 꽉 잡아** 백성 민(民)이 들어간 단어를 2개 이상 사용하여 문장을 써 보세요.

예시

민가에 불이 나자 민심이 들썩거렸다.

 **탐구력 꽉 잡아**

1. 단어에 '민'이 들어간 경우를 책 혹은 주변에서 찾아 빈칸에 써 보세요.
2. 백성 민(民)이 사용된 단어에는 ○, 아니면 X를 표시해 보세요.

민생
(백성의 생활 및 생계)

민족
(같은 지역에서 함께 사는
사람들의 집단)

민첩
(재빠르고 날쌤)

예민
(무언가를 느끼는
능력이 빠름)

 '빠른 것'과 관련된 단어를 골라내 보세요.

村 ^뜻마을 ^{소리}촌

추론력 꽉 잡아

한자의 뜻과 그림을 보고 단어의 뜻을 짐작해 보세요.

농사 농 + 마을 촌
농촌

고기 잡을 어 + 마을 촌
어촌

마을 촌 + 우두머리 장
촌장

땅 지 + 공 구 + 마을 촌
지구촌

• 마을 촌(村)은 큰 나무(木)를 중심으로 집들이 간격(寸)을 두고 모여 있는 모습입니다.

 **어휘력 꽉 잡아** 마을 촌(村)이 숨어 있는 단어를 알아봅시다.

농촌
농사 농 + 마을 촌

 뜻

농사 짓는 사람들이 사는 마을

표현1 농촌에 사는 사람들은 주로 농사를 짓는다.

표현2 농촌에는 젊은 사람들이 별로 없다.

어촌
고기 잡을 어 + 마을 촌

 뜻

고기 잡는 사람들이 사는 마을

표현1 아빠는 어촌에서 자랐다.

표현2 어촌 사람들은 생선을 좋아한다.

촌장
마을 촌 + 우두머리 장

 뜻

마을의 지도자

표현1 촌장이 마을에 다리를 세우자고 말했다.

표현2 촌장은 사람들을 불러 모았다.

지구촌
땅 지 + 공 구 + 마을 촌

 뜻

한 마을처럼 가까워진 지구

표현1 비행기로 인해 전 세계가 지구촌이 되었다.

표현2 지구촌 곳곳에 홍수 피해가 발생하고 있다.

 마을 촌(村)을 넣어 한 문장 글쓰기를 해 보세요.

농촌 농사 짓는 사람들이 사는 마을

여름의 농촌에는

어촌 고기 잡는 사람들이 사는 마을

지난여름 어촌에 갔을 때

촌장 마을의 지도자

촌장이 나서서

지구촌 한 마을처럼 가까워진 지구

지구촌 사람들이 모두

창의력 꽉 잡아 마을 촌(村)이 들어간 단어를 2개 이상 사용하여 문장을 써 보세요.

예시

장터에는 농촌과 어촌에서 올라온 특산물들이 잔뜩 있었다.

탐구력 꽉 잡아

1. 단어에 '촌'이 들어간 경우를 책 혹은 주변에서 찾아 빈칸에 써 보세요.
2. 마을 촌(村)이 사용된 단어에는 ○, 아니면 X를 표시해 보세요.

촌락
(시골에서 여러 집이
모여 사는 곳)

사촌
(촌 수로 네 마디
거리의 친척)

산촌
(산속에 있는 마을)

삼촌
(촌 수로 세 마디
거리의 친척)

'친척 간의 거리'와 관련된 단어를 골라내 보세요.

族

뜻 **겨레** 소리 **족**

 추론력 꽉 잡아

한자의 뜻과 그림을 보고 단어의 뜻을 짐작해 보세요.

집 가 + 겨레 족
가족

귀할 귀 + 겨레 족
귀족

백성 민 + 겨레 족
민족

민족 대명절 추석입니다.

흰 백 + 옷 의 + 백성 민 + 겨레 족
백의민족

 겨레 족(族)이 숨어 있는 단어를 알아봅시다.

가족
집 가 + 겨레 족

뜻
한 집에 사는 같은 핏줄의 사람들

표현1 가족 단위로 나들이를 나왔다.

표현2 저녁엔 가족과 함께 즐겁게 시간을 보내세요.

귀족
귀할 귀 + 겨레 족

뜻
귀한 핏줄의 사람들
신분이 높은 사람

표현1 귀족은 행동에 품위가 있어야 한다.

표현2 현대 사회에는 귀족이 없다.

 '겨레'는 같은 핏줄을 이어받은 민족이나 사랑을 뜻해요.

민족
백성 민 + 겨레 족

뜻
인종, 지역, 언어,
문화가 같은 사람들

표현1 우리 민족은 평화를 사랑한다.

표현2 한 나라 안에도 여러 민족이 산다.

백의민족
흰 백 + 옷 의 + 백성 민 + 겨레 족

뜻
흰옷을 자주 입었던
우리 민족을 일컫는 말

표현1 우리 민족은 흰옷을 좋아해 백의민족이라 불렸다.

표현2 백의민족의 뿌리는 고조선을 세운 단군 할아버지이다.

글쓰기 꽉 잡아 겨레 족(族)을 넣어 한 문장 글쓰기를 해 보세요.

가족 한 집에 사는 같은 핏줄의 사람들

가족끼리

귀족 신분이 높은 사람

귀족이 있으면

민족 인종, 지역, 언어, 문화가 같은 사람들

민족을 위하여

백의민족 흰옷을 자주 입었던 우리 민족을 일컫는 말

백의민족이라고 하지만 나는

겨레 족(族)이 들어간 단어를 2개 이상 사용하여 문장을 써 보세요.

예시

우리 민족은 예부터 가족을 중요시해 왔다.

1. 단어에 '족'이 들어간 경우를 책 혹은 주변에서 찾아 빈칸에 써
   보세요.
2. 겨레 족(族)이 사용된 단어에는 ○, 아니면 X를 표시해 보세요.

족보
(한 가문의 계통을
기록한 책)

의족
(인공으로 만든 발)

족구
(발로 네트를
넘기는 운동 경기)

족장
(부족의 우두머리)

'발'과 관련된 단어를 골라내 보세요.

禮

뜻 소리
예도 례

 추론력 꽉 잡아

한자의 뜻과 그림을 보고 단어의 뜻을 짐작해 보세요.

예도 례 + 거동 의
예의

예도 례 + 마디 절
예절

이지러질 결 + 예도 례
결례

예도 례 + 거동 의 + 무릇 범 + 마디 절
예의범절

- '예도'란 상대에게 존중을 표현하는 방법을 의미합니다.

어휘력 꽉 잡아 예도 례(禮)가 숨어 있는 단어를 알아봅시다.

예의
예도 례 + 거동 의

뜻
상대를 존중하는 말과 행동

표현 1   말을 할 때는 예의를 갖추렴.

표현 2   예의에 어긋나게 행동해서는 안 돼.

예절
예도 례 + 마디 절

뜻
예의에 관한 절차

표현 1   예절 교육을 잘 받은 아이는 행동이 다르다.

표현 2   식생활 예절은 모두가 알아야 한다.

결례
이지러질 결 + 예도 례

뜻
예의에 어긋남

표현 1   실수로 결례를 범하고 말았다.

표현 2   결례를 하지 않으려 노력했다.

예의범절
예도 례 + 거동 의 + 무릇 범 + 마디 절

뜻
일상생활에서 갖추어야 할
올바른 예의

표현 1   그 아이는 예의범절이 분명하다.

표현 2   그는 예의범절도 모르는 사람이구나!

예도 례(禮)를 넣어 한 문장 글쓰기를 해 보세요.

예의 상대를 존중하는 말과 행동

선생님께

예절 예의에 관한 절차

예절에 어긋나면

결례 예의에 어긋남

그가 결례를 범하자

예의범절 일상생활에서 갖추어야 할 올바른 예의

정호는

예도 례(禮)가 들어간 단어를 2개 이상 사용하여 문장을 써 보세요.

예시

외국인은 예의범절을 몰라 결례를 범하곤 한다.

1. 단어에 '례'가 들어간 경우를 책 혹은 주변에서 찾아 빈칸에 써 보세요.
2. 예도 례(禮)가 사용된 단어에는 ○, 아니면 X를 표시해 보세요.

예도
(예의와 법도)

답례
(예를 도로 갚음)

무예
(무도에 관한 재주)

곡예
(줄타기, 요술 같은 신기한 재주)

'재주'와 관련된 단어를 골라내 보세요.

6주 차 복습

콩나물쌤의 강의를 먼저 듣고 공부를 시작하면 이해가 쏙쏙!

QR 코드를 스캔하면 강의 영상을 볼 수 있어요.

1. 왼쪽 어휘를 보고 그 뜻으로 알맞은 것을 골라 선으로 연결하세요.

군인 •

• 일반 백성의 마음

민심 •

• 군대에서 복무하는 사람

촌장 •

• 상대를 존중하는 말과 행동

백의민족 •

• 흰옷을 자주 입었던 우리 민족을 일컫는 말

예의 •

• 마을의 지도자

2. 다음 뜻을 가진 어휘를 쓰세요.

| 나라의 군대 | 일정 지역에 사는 사람 | 한 마을처럼 가까워진 지구 | 한 집에 사는 같은 핏줄의 사람들 | 예의에 관한 절차 |

3. 보기에서 알맞은 한자어를 골라 각 뜻을 나타내는 어휘를 만들어 보세요.

 군사 **군**, 백성 **민**, 겨레 **족**, 마을 **촌**, 예도 **례**

1) 병사 수가 많은 군대 ➡ 클 **대** + ☐

2) 백성을 가르치는 바른 소리 ➡ 가르칠 **훈** + ☐ + 바를 **정** + 소리 **음**

3) 농사 짓는 사람들이 사는 마을 ➡ 농사 **농** + ☐

4) 귀한 핏줄의 사람들 ➡ 귀할 **귀** + ☐

5) 예의에 어긋남 ➡ 이지러질 **결** + ☐

4. 다음 어휘를 이용해 한 문장 글쓰기를 해 보세요.

천군만마

➡ _____

민가

➡ _____

어촌

➡ _____

민족

➡ _____

예의범절

➡ _____

정답

1. 왼쪽 어휘를 보고 그 뜻으로 알맞은 것을 골라 선으로 연결하세요.

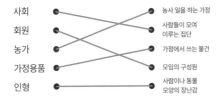

사회	농사 일을 하는 가정
회원	사람들이 모여 이루는 집단
농가	가정에서 쓰는 물건
가정용품	모임의 구성원
인형	사람이나 동물 모양의 장난감

2. 다음 뜻을 가진 어휘를 쓰세요.

1) 사장
2) 국회
3) 가화만사성
4) 가정
5) 인도

3. 보기에서 알맞은 한자어를 골라 각 뜻을 나타내는 어휘를 만들어 보세요.

1) 모일 사
2) 모일 회
3) 집 가
4) 뜰 정
5) 사람 인

4. 다음 어휘를 이용해 한 문장 글쓰기를 해 보세요.

(예시)
1) 삼촌은 큰 회사에 입사를 원한다.
2) 그 회사에서는 컴퓨터를 만든다.
3) 가사일을 하느라 피곤하다.
4) 법정에서는 판사, 변호사, 검사가 일한다.
5) 축제에 인파가 몰려 인산인해가 되었다.

1. 왼쪽 어휘를 보고 그 뜻으로 알맞은 것을 골라 선으로 연결하세요.

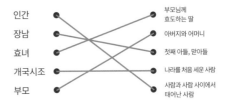

인간	부모님께 효도하는 딸
장남	아버지와 어머니
효녀	첫째 아들, 맏아들
개국시조	나라를 처음 세운 사람
부모	사람과 사람 사이에서 태어난 사람

2. 다음 뜻을 가진 어휘를 쓰세요.

1) 야간
2) 미남
3) 남녀유별
4) 조국
5) 부자

3. 보기에서 알맞은 한자어를 골라 각 뜻을 나타내는 어휘를 만들어 보세요.

1) 사이 간
2) 사내 남
3) 여자 녀
4) 할아버지 조
5) 아버지 부

4. 다음 어휘를 이용해 한 문장 글쓰기를 해 보세요.

(예시)
1) 초가삼간 겨우 하나 마련하였다.
2) 한 남성이 건물로 들어갔다.
3) 남학생은 여고에 들어갈 수 없다.
4) 조부모님은 나를 특히 사랑하셨다.
5) 우리는 부전자전이라 많이 닮았다.

3주 차 복습

1. 왼쪽 어휘를 보고 그 뜻으로 알맞은 것을 골라 선으로 연결하세요.

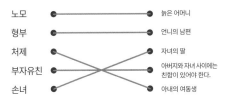

노모 ●　　　　　　　　● 늙은 어머니
형부 ●　　　　　　　　● 언니의 남편
처제 ●　　　　　　　　● 자녀의 딸
부자유친 ●　　　　　　● 아버지와 자녀 사이에는 친함이 있어야 한다.
손녀 ●　　　　　　　　● 아내의 여동생

2. 다음 뜻을 가진 어휘를 쓰세요.

1) 모유
2) 친형
3) 난형난제
4) 자녀
5) 자손

3. 보기에서 알맞은 한자어를 골라 각 뜻을 나타내는 어휘를 만들어 보세요.

1) 어머니 모
2) 형 형
3) 아우 제
4) 아들 자
5) 손자 손

4. 다음 어휘를 이용해 한 문장 글쓰기를 해 보세요.

(예시)
1) 옛날에는 여자에게 현모양처가 되라고 말했다.
2) 형제는 서로에게 의지했다.
3) 자제분은 몇 분이나 계시나요?
4) 우리는 효자가 되려고 노력한다.
5) 우리 집 보물을 대대손손 물려주어야 한다.

4주 차 복습

1. 왼쪽 어휘를 보고 그 뜻으로 알맞은 것을 골라 선으로 연결하세요.

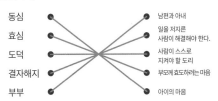

동심 ●　　　　　　　　● 남편과 아내
효심 ●　　　　　　　　● 일을 저지른 사람이 해결해야 한다.
도덕 ●　　　　　　　　● 사람이 스스로 지켜야 할 도리
결자해지 ●　　　　　　● 부모께 효도하려는 마음
부부 ●　　　　　　　　● 아이의 마음

2. 다음 뜻을 가진 어휘를 쓰세요.

1) 동요
2) 불효
3) 팔도강산
4) 강자
5) 농부

3. 보기에서 알맞은 한자어를 골라 각 뜻을 나타내는 어휘를 만들어 보세요.

1) 아이 동
2) 효도 효
3) 길 도
4) 병 병
5) 남편 부

4. 다음 어휘를 이용해 한 문장 글쓰기를 해 보세요.

(예시)
1) 내 사촌동생은 삼척동자다.
2) 부모님 말씀을 잘 듣는 것이 효도다.
3) 수도에 흐르는 물을 수돗물이라고 한다.
4) 이 게임의 승자는 바로 나다.
5) 사내대장부로 태어나 부끄러운 행동을 하지 않을 테야.

복습

1. 왼쪽 어휘를 보고 그 뜻으로 알맞은 것을 골라 선으로
   연결하세요.

한식	우리말
국어	나쁜 사람
악한	교양이 있고 예의 바른 남자
염라대왕	한국 전통 음식
신사	염라라는 지옥을 다스리는 대왕

2. 다음 뜻을 가진 어휘를 쓰세요.

1) 한우
2) 강대국
3) 문외한
4) 왕국
5) 의사

3. 보기에서 알맞은 한자어를 골라 각 뜻을 나타내는 어
   휘를 만들어 보세요.

1) 한국 한
2) 나라 국
3) 한나라 한
4) 임금 왕
5) 선비 사

4. 다음 어휘를 이용해 한 문장 글쓰기를 해 보세요.

(예시)
1) 경기가 시작되자 사람들은 대한민국을 외쳐 댔다.
2) 국가는 국민을 보호해야 한다.
3) 삼촌이 추석 선물로 한과를 사 오셨다.
4) 왕비는 매우 현명하였다.
5) 무명지사들이 나라를 구했다.

6주 차 복습

1. 왼쪽 어휘를 보고 그 뜻으로 알맞은 것을 골라 선으로
   연결하세요.

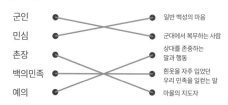

군인	일반 백성의 마음
민심	군대에서 복무하는 사람
촌장	상대를 존중하는 말과 행동
백의민족	흰옷을 자주 입었던 우리 민족을 일컫는 말
예의	마을의 지도자

2. 다음 뜻을 가진 어휘를 쓰세요.

1) 국군
2) 주민
3) 지구촌
4) 가족
5) 예절

3. 보기에서 알맞은 한자어를 골라 각 뜻을 나타내는 어
   휘를 만들어 보세요.

1) 군사 군
2) 백성 민
3) 마을 촌
4) 겨레 족
5) 예도 례

4. 다음 어휘를 이용해 한 문장 글쓰기를 해 보세요.

(예시)
1) 왕은 천군만마를 이용해 전쟁을 일으켰다.
2) 민가에 불이 나 많은 사람이 대피했다.
3) 어촌 마을 어귀에서 생선을 말리고 있었다.
4) 서로 다른 민족도 존중해야 한다.
5) 예의범절을 잘 지켜야 사랑받는다.